성서와 반제국주의

―하나님은 제국주의를 미워하신다―

성서와 반제국주의

-하나님은 제국주의를 미워하신다-

이 종 록 著

한국학술정보[주]

차 례

서 언: 성서와 반제국주의

　이집트, 앗시리아 그리고 바빌로니아, 페르시아, 헬라, 로마라는 거대한 제국들이 엮어내는 흥망성쇠에 휩쓸려야 했던 고대 이스라엘은 자신들을 '제3세계'로 인식했다. 구약성서라는 방대한 기록은 '출애굽'이라는 엑소더스(Exodus) 사건, 즉 탈제국주의적·탈식민주의적 사건을 핵심으로 이야기를 전개한다. 출애굽은 이스라엘 백성의 정체성을 명확히 해주는 중요한 사건이다. 구약성서에서는 출애굽 사건을 이야기하지 않으면 아무것도 말할 수 없을 정도로 출애굽은 의미 깊다. 구약성서는 이스라엘이 애굽(이집트)에서 종살이 하던 백성이었는데, 하나님이 그들을 해방시켜 주셨다는 사실을 계속 강조한다. 이것이 이스라엘 백성이 소중하게 여기는 출애굽 의식인데, 이러한 의식은 그들의 핵심적인 신앙고백에도 나타난다.

　5 너는 또 네 하나님 여호와 앞에 아뢰기를 내 조상은 유리하는 아람 사람으로서 소수의 사람을 거느리고 애굽에 내려가서 거기 우거하여 필경은 거기서 크고 강하고 번성한 민족이 되었더니 6 애굽 사람이 우리를 학대하며 우리를 괴롭게 하며 우리에게 중역을 시키므로 7 우리가 우리 조상의 하나님 여호와께 부르짖었더니 여호와께서 우리 음성을 들으시고 우리의 고통과 신고와 압제를 하감하시고 8 여호와께서 강한 손과 편 팔과 큰 위엄과 이적과 기사로 우리를 애굽에서 인도하여 내시고 9 이곳으로 인도하사 이 땅 곧 젖과 꿀이 흐르는 땅을 주셨나이다(신명기 26장 5~9절)

출애굽 사건을 신앙고백의 핵심으로 삼을 만큼 이스라엘은 이 사건을 중요하게 생각하고, 자신들뿐만 아니라 후손들에게 출애굽의 정신, 즉 출애굽의 신학을 교육하기 위해서 애썼다. 이스라엘은 안식일을 비롯해서 안식년과 희년, 그리고 유대인들의 3대 절기인 무교절, 칠칠절, 초막절을 통해서 출애굽 사건을 기억하고 출애굽 정신을 교육하고자 했다.

> 9 칠주를 계수할지니 곡식에 낫을 대는 첫날부터 칠주를 계수하여 10 네 하나님 여호와 앞에 칠칠절을 지키되 네 하나님 여호와께서 네게 복을 주신 대로 네 힘을 헤아려 자원하는 예물을 드리고 11 너와 네 자녀와 노비와 네 성중에 거하는 레위인과 및 너희 중에 있는 객과 고아와 과부가 함께 네 하나님 여호와께서 그 이름을 두시려고 택하신 곳에서 네 하나님 여호와 앞에서 즐거워할지니라 12 너는 애굽에서 종 되었던 것을 기억하고 이 규례를 지켜 행할지니라(신명기 16장 9-12절)

우리는 유대인들이 교육적으로 탁월하다고 생각하는데, 그들의 교육은 바로 출애굽 정신의 교육이었다. 출애굽 정신은 이스라엘이 자신들을 거대한 제국과 대척점에 있는 제3세계민으로 생각했음을 보여준다. 제국들에 의해 거듭 침략당하고 멸망당하고 포로로 끌려가고 강제이주당해야 했던 이스라엘은 그러한 과정을 통해서 세계성을 명확하게 인식했으며, 특히 어려운 이방인들, 즉 당시의 제3세계에 대해 깊은 관심을 갖고 있었다. 그들은 이방에 대해서 적대적이기보다는 모든 나라들이 평화롭게 사는 유토피아를 꿈꾸었으며, 그들이 그러한 사명을 감당해야 한다고 생각했다. 이러한 생각은 하나님이 이스라엘뿐만 아니라 당시의 제3세계였던 나라들도 제국들로부터 엑소더스시키신 하나님이라고 고백하는 데서 나타난다.

　　여호와께서 가라사대 이스라엘 자손들아 너희는 내게 구스 족속 같
　지 아니하냐 내가 이스라엘을 애굽 땅에서, 블레셋 사람을 갑돌에서,
　아람 사람을 길에서 올라오게 하지 아니하였느냐(아모스 9장 7절)

　　이스라엘은 당시 주변 국가들에 대해 석대적인 생각을 갖기 쉬운
상황에서 그러한 생각을 극복하기 위해서 노력했으며, 요나서와 룻
기, 제3이사야서(이사야서 56～66장)를 통해서 이스라엘 중심적인
배타적인 사고에서 벗어나고자 노력했다. 이스라엘은 북왕국과 남
왕국의 멸망으로 여러 사람들이 앗수르와 바벨론에 포로로 끌려가
고 또 주변 여러 나라로 흩어져서 디아스포라로 살면서, 세계성에
대한 인식을 명확하게 했다. 그리고 하나님은 이스라엘 땅에만 계
시는 분이 아니고, 그들이 거하는 곳에도 계시는 분임을 인정하고,
그들이 거주하는 곳의 평안을 위해서 노력해야 한다고 생각했다.

　　이스라엘의 세계성 인식과 제3세계에 대한 인식은 '조상'에 대한
생각에서도 드러난다. 이스라엘 민족은 자신들의 조상을 '아브라함'
이라고 생각하는데, 아브라함은 이스라엘 민족의 조상일 뿐만 아니
라 아랍인들의 조상이기도 하고, 또 주변 나라들의 조상이기도 하다.
이런 점에서 아브라함을 그들의 조상으로 고백하는 것은 자신들이
주변 나라들과 형제국임을 인정하는 것이다. 그리고 이스라엘은 하
나님을 이스라엘만의 하나님이 아니고 온 세계만물을 창조하시고 섭
리하시는 우주만물의 하나님, 즉 '야훼 체바옷'이라 고백했다.

　　이렇듯 이스라엘이 믿는 하나님은 이스라엘뿐만 아니라 주변의
약소국들도 제국들의 압제에서 해방시켜 주신 엑소더스의 하나님이
시며, 이스라엘뿐만 아니라 모든 나라 민족들을 지으신 창조주 하

나님이다. 구약성서는 이러한 사상을 강조한다. 이스라엘이 염원하는 세상은 모든 나라 민족들이 이러한 우주적 하나님을 함께 모시고 사는 아름다운 세상이었다. 이러한 세상을 만들기 위해서 그들은 자녀들을 엄격하게 교육했다.

신약성서는 유대 민족주의가 범할 수 있는 축소지향적이고 배타적인 사고에서 벗어남으로써 유대교와 기독교를 구별짓는다. 기독교회는 예수를 유대인들뿐만 아니라 온 나라와 백성을 구원하기 위해 오신 분으로 고백했다.

> 6 저희가 모였을 때에 예수께 묻자와 가로되 주께서 이스라엘 나라를 회복하심이 이때니이까 하니 7 가라사대 때와 기한은 아버지께서 자기의 권한에 두셨으니 너희의 알바 아니요 8 오직 성령이 너희에게 임하시면 너희가 권능을 받고 <u>예루살렘과 온 유대와 사마리아와 땅끝까지 이르러</u> 내 증인이 되리라 하시니라(사도행전 1장 6~8절)

이 말씀은 유대기독교인들로 하여금 자신들의 배타성을 깨뜨리도록 촉구했다. 예수는 당시 로마제국의 압제를 받던 제3세계민인 유대인들로 하여금 그들을 넘어서 존재하는 세계, 특히 제3세계를 인식하게 했다. 그리고 당시 유대인들은 세계 여러 곳에 흩어져서 디아스포라로 살고 있었기 때문에 유대인들은 세계성에 대한 인식을 명확히 갖고 있었다.

> 9 우리는 바대인과 메대인과 엘람인과 또 메소보다미아 유대와 가바도기아, 본도와 아시아, 10 브루기아와 밤빌리아, 애굽과 및 구레네에 가까운 리비야 여러 지방에 사는 사람들과 로마로부터 온

나그네 곧 유대인과 유대교에 들어 온 사람들과 11 그레데인과 아
라비아인들이라(사도행전 2장 9~11절)

이들은 당시 세계를 지배하던 로마제국에도 거주했지만 대체로
당시의 제3세계라고 할 수 있는 나라들에서 살았다. 그들은 유월절
을 기념하기 위해 예루살렘에 순례를 왔다가 성령강림 사건으로 능
력을 받은 예수의 제자들이 여러 나라 언어로 예수에 대해서 말하
는 것을 듣고 심히 놀랐다. 오순절 성령강림은 기독교회가 제3세계
에 깊은 관심을 갖고 있었다는 사실을 확인해 준 사건이었으며, 각
국에 사는 유대인들에 복음을 전하고 가르침으로써 그들이 돌아가
간접선교하게 했다는 점에서 의미를 갖는다.

그런데 이방인 선교, 즉 제3세계 선교에 대한 예수의 뜻을 가장
잘 실천한 사람은 사도 바울이다. 사도 바울은 예수 그리스도가 유
대인들이 이방인들과 자신들을 구분하기 위해서 만든 벽을 깨뜨리
고 모두를 하나로 만드신 분이라고 증거했다.

19 아버지께서는 모든 충만으로 예수 안에 거하게 하시고 20 그
의 십자가의 피로 화평을 이루사 만물 곧 땅에 있는 것들이나 하
늘에 있는 것들을 그로 말미암아 자기와 화목케 되기를 기뻐하심
이라 21 전에 악한 행실로 멀리 떠나 마음으로 원수가 되었던 너
희를 22 이제는 그의 육체의 죽음으로 말미암아 화목케 하사 너희
를 거룩하고 흠 없고 책망할 것이 없는 자로 그 앞에 세우고자 하
셨으니 23 만일 너희가 믿음에 거하고 터 위에 굳게 서서 너희 들
은바 복음의 소망에서 흔들리지 아니하면 그리하리라 이 복음은
천하 만민에게 전파된 바요 나 바울은 이 복음의 일군이 되었노라
(골로새서 1장 19~23절)

바울은 온 세계를 화평케 하는 것이 하나님의 뜻임을 강조하고 그것을 철저하게 교육했으며, 세 번에 걸쳐 당시 세계를 주유함으로써 스스로 자신의 사상을 실천하고 가르쳤다. 그래서 사도 바울은 '이방인의 사도'로 불린다. 그리고 이것은 궁극적으로 구약성서가 제시하는 반제국주의·세계주의와 이어진다는 점에서 의미를 갖는다.

이처럼 성서는 반제국주의 사상을 강하게 드러내며 모두가 더불어 사는 세계주의를 표방한다. 무엇보다 하나님은 제국주의를 미워하신다.

그래서 나는 이 책에서 성서적 반제국주의론, 즉 제국주의를 성서에 근거해서 비판하려 한다. 먼저 1장에서는 유다가 바벨론 제국주의자들에 의해서 멸망당하는 참혹한 시대상황을 에스겔서를 중심으로 살펴보려 한다. 2장에서는 예언서에 나타나는 반제국주의를 디아스포라와 새로운 엑소더스라는 개념을 통해서 찾아보려 한다. 3장에서는 다니엘서 8장을 중심으로 묵시문학에 나타나는 반제국주의를 다루려 한다. 그리고 4장에서는 일본제국주의가 한국교회의 구약성서 이해에 어떤 영향을 미쳤는지를 구체적으로 연구하려 한다. 그리고 마지막으로 5장에서는 탈세속화 시대에 미국의 보수적 기독교에서 나타나는 제국주의적 요소를 드러내려 한다.

이 책을 출간하기 위해 애쓴 분들, 특히 신재훈씨를 비롯한 한국학술정보 식구들에게 고마움을 전한다. 그리고 이 책을 읽는 분들에게도 고마움을 전한다.

2006년
어두골에서 이종록

제1장 제국주의의 무덤[1]

– 에스겔서에 나타나는 세계인식과 강대국들의
세계지배야욕 그리고 그것을 무력화시키시는 하나님 –

Ⅰ. 문제제기

강대국들이 세계를 지배하기 위해 수차례 대규모 전쟁[2]을 일으
키고, 제 의지대로 아무것도 할 수 없는 약소국들은 거기에 휘말린
채 고통당하고, 급기야 조국이 망하고 모든 삶이 파괴되고 사람들
이 살해당하고 포로로 끌려가는 그런 비극적인 시기를 수십여 년
겪은 에스겔은 당시 세계를 어떻게 인식했을까? 그런 시대적 상황
이 에스겔의 세계인식에 영향을 미쳤을 것은 분명하다. 예언이 시
대적 상황과 밀접하다는 사실을 고려하면, 에스겔서 메시지를 이해
하기 위해 에스겔이 당시 세계를 어떻게 보았는지, 강대국들의 세
계지배전략으로 인한 전쟁들이 에스겔에게 어떤 영향을 미쳤는지를
살피는 것이 필요하다. 이 논문에서는 에스겔서에 나타나는 세계인

---

1) 이 논문은 2004년 9월 3~4일 전주대학교에서 열린 '제3세계 공동학술대
회' 신학분과에서 발표했다. 용어는 개신교에서 일반적으로 사용하는 것을
따랐다. 본 고에서 '애굽'은 이집트, '앗수르'는 신앗시리아 제국, 그리고
'바벨론'은 신바빌로니아 제국을 가리킨다. 성서 본문은 '개역성경'을 사용
했다.
2) 이 논문에서 말하고자 하는 것과는 다르지만 고대세계, 특히 동양의 고대
국가에서 전쟁이 갖는 의미에 대해서는 박대재, 『의식과 전쟁 – 고대국가를
바라보는 새로운 시각』(서울: 책세상, 2003)을 보라.

식과 강대국들의 세계지배야욕, 그리고 그것을 무력화시키는 하나님에 대해서 에스겔서 32장 17~32절을 중심으로 생각해 보려고 한다.

우리가 어떤 나라의 역사를 이야기할 때 고려해야 할 것은 먼저 주변 국가들과의 관계이다. 그 이유는 결코 그 나라만 놓고는 이야기할 수 없기 때문이고,[3] 다른 하나는 여러 나라와 민족들이 서로 얽혀서 살 때 빈번하게 발생하는 국가 간의 적대심, 또는 민족 간의 적대심 문제 때문인데, 이러한 문제는 강대국들이 갖는 세계지배야욕에서 비롯되는 경우가 많다. 예나 지금이나 각 국가들은 미묘한 신경망으로 연결되어 있어서 한 곳을 건드리기만 해도 많은 나라들에게 영향을 미치는데, 특히 강대국의 제국주의적 세계지배 전략이 당시 세계에 미치는 영향은 지대하다.[4]

이것은 고대 이스라엘을 포함하는 고대 서남아시아 지역에서도 마찬가지였을 것이다. 고대 이스라엘은 결코 홀로 살 수 없었다. 그들은 필연적으로 주변 국가들과 어떤 형태로든 관계를 맺을 수밖에 없었고, 국제정세가 어떻게 변화하느냐에 따라서 국가 운명이 결정되기도 했다.[5] 그러니 이스라엘 역사는 주변 나라들과의 관계를 고

---

3) J. Maxwell Miller and John H. Hayes, *A History of Ancient Israel and Judah*, 박문재 옮김, 『고대 이스라엘 역사』(서울: 크리스챤 다이제스트, 1996), p.21, 28.

4) Seth Schwartz, *Imperialism and Jewish Society, 200 B. C. E. to 640 C. E.*(Princeton: Princeton University Press, 2001), p.1.

5) "수리아-팔레스타인은 고대 제국들 간의 거의 모든 주요한 갈등들에 휘말려들었다. 결국은 허사로 끝날 군비를 마련하는 데 드는 비용, 어느 편을 들어야 할지 항상 결정해야 하는 데서 생겨나는 정신분열증, 패배의 참담함, 상실의 교훈들은 이 지역의 문학, 특히 히브리 성경에 깊이 아로새겨져 있다. 이 지역에서 발견되는 건축물, 기념비, 명문(銘文) 등의 유물들은 원주민들의 것이 아니라 정복자들-히타이트족, 앗시리아인, 이집트인, 바빌로니아인, 페르시아인, 헬라인, 로마인-의 손 및 언어로 되어 있는 경우가

려해야만 할 것이다. 그런데 한 나라 또는 한 민족과 주변 나라들 또
는 주변 민족들과의 관계는 언제나 원만한 것은 아니었다. 평화롭게
지내는 경우도 있었지만 그보다는 갈등으로 인해서 심각한 분쟁을
빚는 경우가 더 많았는데, 그런 갈등과 분쟁들은 강대국들이 주변
국가들을 정복함으로써 세계를 지배하려는 제국주의적 야욕(野慾)
에서 비롯하는 경우가 많았다. 북왕국 이스라엘 멸망과 남왕국 유다
멸망 역시 강대국들의 세계지배야욕에서 비롯한 사건들이다.

　에스겔은 바벨론이 세력을 확장하는 과정에서 남왕국 유다가 몰
락하는 것을 생생하게 목격했다. 더욱이 그는 바벨론에 끌려갔다.
모든 것을 파괴해 버리는 끔찍한 전쟁을 겪고 먼 이국, 당시 최강
대국인 바벨론으로 가면서, 그곳에서 동포들과 더불어 황량한 땅을
일구면서, 에스겔은 여러 가지를 생각했을 것이다. 그는 특히 당시
세계에 대해서, 특히 전쟁을 일으킨 당사자들인 제국주의적 강대국
들에 대해서 어떻게 생각했을까? 이것을 에스겔서 32장 17~32절을
중심으로 살펴보자.

Ⅱ. 본문읽기 - 에스겔서 32장 17~32절[6)]

　에스겔의 세계인식과 강대국에 대한 평가는 에스겔서 32장 마지
막 부분에서 명확하게 드러난다. 본문을 읽어보자.

　많다." J. Maxwell Miller and John H. Hayes, 앞의 책, pp.36f.

17 제 십이 년 어느 달 십오 일에 여호와의 말씀이 내게 임하여
가라사대

18 인자야 애굽의 무리를 애곡하고 그와 유명한 나라 여자들을
구덩이에 내려가는 자와 함께 지하에 던지며

19 이르라 너의 아름다움이 누구보다 지나가는고 너는 내려가서
할례받지 않은 자와 함께 뉘울지어다

20 그들이 살륙당한 자 중에 엎드러질 것임이여 그는 칼에 붙인
바 되었은즉 그와 그 모든 무리를 끌지어다

21 용사 중에 강한 자7)가 그를 돕는 자와 함께 음부 가운데서
그에게 말함이여 할례받지 않은 자 곧 칼에 살륙당한 자들이 내
려와서 가만히 누웠다 하리로다

---

6) 학자들은 본문이 인칭변화, 어휘의 다양성, 동일구절의 반복으로 인해서
매우 산만하다고 판단하고, 그 까닭을 후대의 첨가 때문으로 본다. 그래
서 원래 첨가한 부분을 삭제하고 원래 본문을 밝히려고 하는데, 여기에
대해서는 다음을 보라. Walther Zimmerli, *Ezekiel 2*, tr. James D.
Martin, *Ezekiel 2- A Commentary on the Book of the Prophet
Ezekiel Chapters 25-48*(Philadelphia: Fortress Press, 1983), p.170.
그러나 이러한 작업은 히브리 본문의 가장 중요한 요소 가운데 하나인 반
복기법을 맛볼 수 없게 한다. Ronald M. Hals, *Ezekiel*, The Forms of
the Old Testament Literature V. xix(Grand Rapids, Michigan:
William B. Eerdmans Publishing Company, 1989), p.226. 특히 반복은
에스겔서의 특징이다. 그래서 본문의 원래 형태를 찾아내려는 노력은 헛
된 것이다. Moshe Greenberg, *Ezekiel 21-37*, AB.(New York:
Doubleday, 1997), p.668.

7) 이들은 에스겔이 언급하는 나라/민족들과는 달리 명예스럽게 장례된 사람
들로 보인다. 이들과 에스겔이 언급하는 나라들은 전적으로 다른 모습을
보인다. Leslie C. Allen, *Ezekiel 20-48*. WBC.(Dallas, Texas: Word
Books, Publisher, 1990), 138. 이들은 27절에도 언급되는데, 학자들은
대체로 창세기 6장 1~4절에 나오는 네피림들을 지칭하는 것으로 본다. 에
스겔 시대까지만 해도 사람들은 이들을 명예롭게 전사한 위대한 영웅들로
생각했는데, 후대 유대교 문헌에서는 악한 영으로 모든 것을 파괴하는 살
인자들로 보았다. Walther Eichrodt, *Der Prophet Hesekiel*, tr.
Cosslett Quin, *Ezekiel-A Commentary*(London: SCM Press Ltd.,
1970, 1980), pp.438f.

22 거기 앗수르와 그 온 무리가 있음이여 다 살륙을 당하여 칼
에 엎드러진 자라 그 무덤이 그 사방에 있도다

23 그 무덤이 구덩이 깊은 곳에 베풀렸고 그 무리가 그 무덤 사
방에 있음이여 그들은 다 살륙을 당하여 칼에 엎드러진 자 곧
생존 세상에서 사람을 누럽게 하던 자로다

24 거기 엘람이 있고 그 모든 무리가 그 무덤 사면에 있음이여
그들은 다 할례를 받지 못하고 살륙을 당하여 칼에 엎드러져 지
하에 내려간 자로다 그들이 생존 세상에서 두렵게 하였었으나
이제는 구덩이에 내려가는 자와 함께 수치를 당하였도다

25 그와 그 모든 무리를 위하여 침상을 살륙당한 자 중에 베풀
었고 그 여러 무덤은 사면에 있음이여 그들은 다 할례를 받지
못하고 칼에 살륙을 당한 자로다 그들이 생존 세상에서 두렵게
하였었으나 이제는 구덩이에 내려가는 자와 함께 수치를 당하고
살륙당한 자 중에 뉘었도다

26 거기 메섹과 두발과 그 모든 무리가 있고 그 여러 무덤은 사
면에 있음이여 그들은 다 할례를 받지 못하고 칼에 살륙을 당한
자로다 그들이 생존 세상에서 두렵게 하였었으나

27 그들이 할례받지 못한 자 중에 이미 엎드러진 용사와 함께
누운 것이 마땅치 아니하냐 이 용사들은 다 병기를 가지고 음부
에 내려 자기의 칼을 베게 하였으니 그 백골이 자기 죄악을 졌
음이여[8] 생존 세상에서 용사의 두려움이 있던 자로다

---

8) 개역본문은 의미가 모호한데, 공동번역은 이렇게 번역한다. "이들은 먼 옛
날에 죽어 제 무기를 가지고 지하로 내려간 용사들, 머리에는 칼을 베고
몸은 방패로 덮은 용사들과는 한자리에 눕지 못한다." 즉 같이 음부에 있
어도 앗수르, 엘람, 메섹-두발, 그리고 애굽은 고대의 용맹스럽던 그 용
사들과는 질적으로 다르기 때문에 그들과 같이 있을 수 없다는 것이다. 구
약학자들이 대체로 이렇게 말하는데, 쿡은 그렇다고 해서, 즉 고대의 용맹
스럽던 용사들이 앗수르를 비롯한 제국주의 국가와 다르게 대접을 받는다
고 해서, 그 용사들이 반드시 고귀한 대접을 받는 것은 아니라고 말한다.
그들도 힘을 빼앗기고 비참하게 누워 있지만 앗수르를 비롯한 나라들은
그보다 더한 상태에 처해 있다는 것이다. G. A. Cooke, *A Critical and
Exegetical Commentary on the Book of Ezekiel*, ICC.(Edinburgh:

28 오직 너는 할례받지 못한 자와 일반으로 패망할 것임이여
칼에 살륙당한 자와 함께 누우리로다
29 거기 에돔 곧 그 열왕과 그 모든 방백이 있음이여 그들이 강
성하였었으나 칼에 살륙당한 자와 함께 있겠고 할례 받지 못하고
구덩이에 내려간 자와 함께 누우리로다
30 거기 살륙당한 자와 함께 내려간 북방 모든 방백과 모든 시돈
사람이 있음이여 그들이 본래는 강성하였으므로 두렵게 하였었으
나 이제는 부끄러움을 품고 할례받지 못하고 칼에 살륙당한 자와
함께 누웠고 구덩이에 내려가는 자와 함께 수욕을 당하였도다
31 바로가 그들을 보고 그 모든 무리로 인하여 위로를 받을 것임
이여 칼에 살륙당한 바로와 그 온 군대가 그러하리로다 나 주 여
호와의 말이로다
 32 내가 바로로 생존 세상에서 사람을 두렵게 하게 하였었으나
이제는 그가 그 모든 무리로 더불어 할례받지 못한 자 곧 칼에 살
륙당한 자와 함께 뉘우리로다 나 주 여호와의 말이로다

본문을 원문 구성에 맞춰서 배열해 보았다. 본문은 애굽에 관한
예언묶음(29~32장)에 들어 있는데, 이것은 에스겔서 이방예언
(25~32장)에 속한다. 그러니 본문은 이방예언을 마무리하는 부분
이다. 본문은 문학유형으로는 '애가(哀歌)', 즉 장송곡(葬送曲)인
데,9) 애굽의 멸망을 사람의 죽음과 장례에 비유한다. 그리고 본문
은 애굽이 죽어서 묻힐 음부(스올)를 미리 둘러본다는 점에서 단테
의 신곡(神曲)을 연상케 하는 '에스겔의 신곡'이라고 할 수 있을 것
이다. 본문은 이미 몰락한 과거의 강대국들을 예시하면서 애굽도

_____

T&T Clark, 1936, 1970), p.353.
 9) 애가는 일반적으로는 '키나'(קִינָה)인데, 본문은 '너히'(נְהִי)라는 단어를 쓴
다. 이 둘이 모두 장송곡들을 가리키는데, 문학형태와 리듬에서 차이가 난
다. 본문은 장송곡의 독특한 형태를 보인다. Walther Zimmerli, 앞의 책,
p.170.

결국 그렇게 될 것임을 말한다.

본문은 하나님이 언급하는 국가들에 따라서 문단을 나눌 수 있는데, 동일하게 반복되는 구절들[10]이 있어서 각 문단이 비슷한 문학형태를 보인다.[11] 그리고 '무덤(커부라⟨קְבֻרָה⟩)', '할례받지 못한 자(아레림⟨עֲרֵלִים⟩)', '(칼에) 살육당한 자들(하러레 헤레브⟨חַלְלֵי חֶרֶב⟩)', '생존세상에서 두렵게 하다'(나터누 힛티트[12] 버에레츠 하이임⟨נָתְנוּ חִתִּית בְּאֶרֶץ חַיִּים⟩)',[13] 그리고 '누웠다(샤카브⟨שָׁכַב⟩)'는 말들이 반복해서 나타나는데, 이 단어들은 에스겔이 당시 세계를 어떤 곳으로 보았는지를 명확하게 보여준다. 과거에 여러 사람들을 칼로 두렵게 하던 국가들[14]이 칼에 살육당해서 이미 살육당한 자들과 함께 무덤 속에 누워 있는데, 본문은 그들이 저지른 악한 행위에 비춰볼 때 그러한 처벌은 지당한 것으로 보이게 한다.

본문은 연대를 12년째 되는 해, 즉 여호야긴이 바벨론에 포로로 끌려간 지 12년째인 해라고 밝히는데, 여호야긴이 포로로 끌려간 때가 주전 598년이었기 때문에, 이때는 주전 586년이었을 것이고, 바벨론이 예루살렘을 힘락하고 유다를 멸망시킨 다음 해다.

---

10) 반복 구절들은 Daniel I. Blocke, *The Book of Ezekiel Chapters 25-48*, NICOT(Grand Rapids, Michigan: William B. Eerdmans Publishing Co., 1998), p.213 각주 4를 보라.

11) 에스겔서 32장 22~30절까지의 문학적 구성요소를 자세하게 도표로 밝힌 것에 대해서는 D. I. Blocke, p.222f를 보라. 동일한 형태를 여러 번 반복하는 것은 후대의 첨가라기보다는 오히려 에스겔의 글쓰기 특성이며, 반복을 통해서 그만큼 내용을 강조하는 것으로 나는 생각한다.

12) '두려움'을 뜻하는 이 단어는 에스겔서 32장 22~32절에서 7번 쓰였는데, 에스겔서의 특징적인 단어이다. 이 단어는 22~32절에서는 에돔에 관한 구절에서만 나타나지 않는다. D. I. Blocke, 앞의 책, p.225.

13) 이 구절은 본문에서 모두 7번 나온다. Walther Zimmerli, 앞의 책, p.174.

14) 에스겔이 언급하는 국가들은 침략과 정복을 일삼던 나라들이다. Walther Eichrodt, 앞의 책, p.439.

에스겔서에는 연대표기가 여러 번 나오는데,[15] 이 연대표기는 여호야긴 왕이 바벨론에 포로로 끌려감으로써 바벨론의 유다인 공동체가 형성되는 주전 598년을 원년으로 한다. 이런 점에서도 에스겔서 연대표기는 바벨론이라는 강대국이 세계지배를 위해 팔레스타인의 약소국들을 점령하던 당시 상황을 전제한다. 특히 에스겔서의 이방예언이 수록된 25장에서 32장까지를 보면, 26장은 제 십일년 어느 달 초일일, 29장 1절은 제 십년 시월 십이일, 29장 17절은 제 이십칠년 정월 초일일, 30장 20절은 제 십일년 정월 칠일, 31장 1절은 제 십일년 삼월 초일일, 32장 1절은 제 십이년 십이월 초일일, 그리고 32장 17절은 제 십이년 어느 달 십오일이다. 29장 17절을 제외하고는 십년에서 십이년 사이에 선포한 메시지다. 십 년째인 해는 주전 588년으로 느부갓네살이 예루살렘을 포위하기 시작한 지 일 년쯤 지난 해다(에스겔서 24장 1절, 열왕기하 25장 1절, 예레미야서 29장 1절). 그리고 예루살렘 함락 소식을 전해 듣기 한 해 전이다(에스겔서 33장 21절). 그렇다면 이방예언은 바벨론이 예루살렘을 함락하는 주전 587년을 전후한 시기에 선포되었다.[16]

---

15) 에스겔서의 연대표기에 대해서는 Ernst Kutsch, *Die chronologischen Daten des Ezechielbuches*(G ttingen: Vandenhoeck und Ruprecht, 1985)를 보라.
16) Walther Zimmerli, 앞의 책, p.3.

Ⅲ. 본문이 언급하는 나라들

1. 애굽

제 십이 년. 강제이주한 지 열두 해가 지나는 그해에 야훼 말씀이 에스겔에게 임했다. 에스겔서의 특징적인 구절로 본문은 시작한다. 그리고 하나님은 여전히 에스겔을 '인자야(벤 아담)'라고 부르신다. 에스겔을 부르신 하나님은 에스겔에게 '애곡하라'고 말씀하신다. 누구를 위해서? 애굽의 무리(하몬 미츠라임〈מִצְרַיִם הֲמוֹן〉). '하몬'은 '무리'나 '군중'을 가리키는데, 너무 많은 군중들로 인해서 소란스럽고 혼란하며, 고통스러운 상황을 말한다.[17] 이 '하몬'이라는 말이 본문에 여러 번 나온다. 그리고 '하몬'은 여기서 그치지 않고, 에스겔서 39장 11~16절에 나오는 곡과 그의 무리들이 묻힌 매장지인 하몬 곡(גּוֹג הֲמוֹן. '곡의 무리'라는 뜻이다).[18] 그리고 하몬 곡이 있는 성읍인 하모나(הֲמוֹנָה)라는 단어로 이어진다.(그렇기 때문에 비록 떨어져 있어도 25~32장과 38~39장은 서로 연관을 갖는다.)[19] 에스겔서는 '하몬'이라는 단어를 사용함으로써 애굽을 비롯한 여러 나라 백성들을 소란과 혼란을 일으켜서 세계를 고통스럽게 하는 부류로 간주한 것이다.

그 다음 구절을 읽어보자. 하나님은 에스겔에게 수많은 애굽 사

---

17) 블록은 '하몬'에 군사적 뉘앙스가 담겨 있다고 본다. D. I. Blocke, 앞의 책, p.217.
18) 이것을 히브리어대로 읽는다면 '애굽의 무리'로 직역하지 말고 본래 발음대로 '하몬 미츠라임'으로 읽어야 할 것이다.
19) D. I. Blocke, 앞의 책, p.4.

람들을 위해서 애곡하라고 말한다. 애곡(哀哭)은 장례식 때 슬피
우는 것을 말한다. 그러니 애곡은 죽음과 주검(시체)을 뜻하는 것
이다. 그리고 애곡은 주검과 아울러서 매장(埋葬)을 떠올리게 한다.
그 다음을 읽으면, 거기에 장례장면이 나온다. 하나님은 그(애굽)와
유명한 나라 여자들(애굽을 남자로, 주변 나라들을 여자로 묘사한
다20))을 구덩이에 내려가는 자와 함께 지하에 던지라고 말씀하신
다. 죽은 자들을 매장하는데, 잘 꾸며진 무덤이 아니고 구덩이를 파
고 거기에 여럿을 한꺼번에 매장하라는 것이다. 애굽을 비롯한 여
러 나라들이 참으로 천한 대접을 받는다. 그런데 애굽은 국가 규모
로 보나 문화적인 수준으로 보나 그렇게 천한 대접을 받을 나라가
아니다. 그런데도 하나님은 과거에는 애굽의 아름다움이 탁월했지
만21) 이제는 살육당해서 할례받지 않는 자들22)(이 말도 여러 번

---

20) 언급하는 국가명들이 애굽('미츠라임'은 남성형)을 제외하고는 히브리어에서
여성형이기 때문에 본문은 그들을 여자로 지칭한다. Walther Zimmerli, 앞
의 책, p.174.

21) 애굽은 그 어느 나라보다 아름답다(밈미 나암타〈מִמִּי נָעָמְתָּ〉). 여기서 아름
답다는 것은 국가가 강성하고 풍요함을 가리킨다. 국가적 차원의 '아름다
움'은 두로에 대한 예언에서 여러 번 나타난다. 같은 책, p.172.

22) 이 전형적인 구절은 고대 이스라엘이 주변 세계를 어떻게 인식했는지 보여준
다. 에스겔이 언급하는 나라들은 할례를 행하던 나라들이기 때문에 우리는
이 구절을 문자적으로 읽을 수 없다. 그들이 할례를 행했기 때문에 할례받지
못한 자라는 게 무엇을 의미하는지 잘 알았을 것이다(Moshe Greenberg, 앞
의 책, p.661). 에스겔은 주변 국가들, 특히 세계지배야욕을 갖고 약소국들
을 고통스럽게 하는 강대국들을 통틀어서 "할례받지 못한 자들"이라고 칭한
다. "할례받지 못한 자들"이 장례식 때 당하는 수치스러움은 이스라엘 내적
인 경험에 근거한다. 이스라엘은 할례받지 않은 사람들을 공동체에 들이지
않았으며, 할례 표징이 없는 사람은 가족 묘지에 묻힐 수 없었다. 이런 개념
을 강대국들의 멸망에 적용한 것이다(Walther Zimmerli, 앞의 책, p.173.
Leslie C. Allen, 앞의 책, p.137. Ronald M. Hals, 앞의 책, p.229.
Walther Eichrodt, 앞의 책, p.437. 할례에 관해서는, 이종록, 「할례, 그 섬
뜩함과 에로틱함의 절묘한 조화」, 『기독교사상』 545호(2004년 5월호),
pp.232~251을 보라).

나온다)과 함께 구덩이에 누울 수밖에 없다고 말씀하신다. 이것은
애굽에게는 대단히 모욕적인 말이었을 것이다. 우리는 이러한 구절
들을 통해서 에스겔이 애굽을 어떻게 평가했는지 짐작할 수 있다.

우리는 본문을 읽으면서 '구덩이에 내려가는 자(들)'(요 러데 보르
〈יוֹרְדֵי בוֹר〉)[23]라는 말을 자주 본다. 이것은 애굽을 비롯한 여러
나라들이 멸망할 것을 말하는 것이다. '내려가다'는 말은 '죽음'을 의
미하고, 국가적인 멸망을 가리킨다. 그렇기에 '내려가라(러다
〈רְדָה〉)'는 말은 사형언도를 뜻한다.[24] 애굽의 멸망. 애굽에 대한 사
형언도. 에스겔은 애굽을 죽어서 무덤, 즉 음부(스올〈שְׁאוֹל〉)[25]에
누인 시체로 묘사한다. 주검처럼 이제는 더이상 힘을 쓰지 못하는
애굽. 제국주의자들이 세계를 지배하기 위해서 참혹한 전쟁을 벌이
는 상황에서 에스겔은 그것을 바랐을 것이다. 그동안 애굽은 강대국
으로 주변 나라들을 위해서 힘을 쓰지 않고, 자국의 이익을 위해서
만 힘을 사용했다. 그런 나라는 존속할 의미가 없다. 약소국을 괴롭
히는 나라. 그래서 항상 팔레스타인에 국제적인 분쟁을 조장하는 나
라.[26] 그 대표직인 나라가 애굽인데, 그 나라가 이제 쇠망해서 음부
에 내려가서 그곳에 누울 것이다. 그런데 애굽 홀로 구덩이에 내려
가는 것이 아니다. 그곳은 이미 공동묘지이다.[27] 그래서 거기에는

---

23) 죽음을 의미하는 '내려가다(야라드〈רַד〉)'는 제국주의자들에 대한 장송곡
인 본문에서 핵심적인 단어이다. D. I. Blocke, 앞의 책, p.217.

24) Walther Zimmerli, 앞의 책, p.174.

25) 에스겔은 당시 우주를 하늘, 땅, 지하로 보았는데, 무덤과 음부는 가장 낮
은 영역인 지하를 가리킨다. 그렇기 때문에 '내려가다(야라드)'는 동사를 사
용했다. '무덤에 내려갔다'는 것은 죽음과 멸망을 뜻하면서 동시에 매우 불
명예스러운 일을 당했다는 것을 의미한다. D. I. Blocke, 앞의 책, p.231.

26) 에스겔은 이미 애굽을 '무질서의 괴물(a chaos-monster)'로 규정했다.
Walther Eichrodt, 앞의 책, p.440. "너를 열국에서 젊은 사자에 비하였
더니 실상은 바다 가운데 큰 악어라 강에서 뛰어 일어나 발로 물을 요동하
여 그 강을 더럽혔도다."(에스겔서 32장 2절)

이미 여러 나라들이 와 있다. 그러니 애굽은 그곳의 신입회원인 셈이다. 제국주의의 무덤, 그곳에 들어갈 신참 애굽. 그런데 제국주의의 무덤에 이미 가입한 국가들은 과연 어떤 나라들인가? 에스겔이여기에 언급하는 나라들을 살펴보면, 에스겔이 당시 세계를 어떻게인식했는지를 알 수 있다.

2. 앗수르

애굽은 이제 음부에 내려갈 것인데, 거기에는 이미 앗수르를 비롯한 여러 나라들이 누워 있다. 앗수르는 '살육을 당하여 칼에 엎드러진 자'인데, 앞에서 말한 대로 이 말이 본문에 여러 번 나온다. 22절과 23절에도 한 번씩 나온다. 과거에 (음부와 대조되는) 생존세계에서 사람들을 두렵게 하던 자 앗수르도 이제는 칼에 죽임을당해서 무덤에 묻혀 있다는 것이다. 그런데 앗수르는 단순히 무덤에 누운 것이 아니고, "그 무덤이 구덩이 깊은 곳(야르커테-보르 〈יַרְכְּתֵי-בוֹר〉)에 베풀렸다." 이것은 앗수르가 음부에서도 가장 천한 대접을 받는 것을 의미한다.[28]

앗수르는 세상을 두려움에 떨게 하던 나라였다. 앗수르는 오랜역사를 가진 민족인데, 이스라엘과 직접적인 관계를 갖는 것은 포악하기로 유명한 신앗수르 제국 시대[29](주전 900~612년)다. 앗수

---

27) 에스겔은 애굽을 비롯한 당시 강대국들이 한 그룹으로 함께 묻혀서 수치를 함께 겪는 것으로 묘사함으로써, 그들이 동류(同類)임을 강조하는데, 여기서도 우리는 에스겔이 주변 세계를 어떻게 인식했는지 엿볼 수 있다.

28) Moshe Greenberg, 앞의 책, p.663.

29) D. I. Blocke, 앞의 책, p.225. 주전 8세기에 이스라엘은 지금까지 경험했던 것과는 전혀 다른 상황에 직면했는데, 그것은 이스라엘의 국가적 지위

르바니팔 2세(주전 883~859년)는 앗수르 부족들을 통합한 다음 그 세력을 레바논과 블레셋, 이스라엘 지역까지 확장시켰으며, 그들로부터 조공을 받았다. 살만에셀 3세(주전 858~824년)는 영토를 더욱 확대시켰다. 북왕국은 예후 쿠데타 이후에 국력이 급격히 약해져서 아람에게 예속되었는데, 앗수르 제국이 아람을 공격함으로써 이스라엘은 아람으로부터 벗어나게 되었으며, 요아스는 이전에 아람에게 빼앗긴 북부 변경 성읍들을 되찾을 수 있었다(열왕기하 13장 22~25절).

그 이후 1세기가량 침체기를 거친 앗수르는 디글랏빌레셀 3세(주전 744~727년) 때 다시 부강해졌는데, 그는 경제적이고 정치적인 이유로 유프라테스 너머 지역을 탐냈으며,[30] 다메섹을 함락시켜서 아람으로 하여금 다시 일어서지 못하게 했다.[31] 그 이후로 앗수르가 고대근동을 장악했는데, 이스라엘도 그 세력에서 벗어날 수 없었다. 므나헴 왕 때는 이스라엘 부자들이 디글랏빌레셀에게 은 50세겔씩을 바쳤다(열왕기하 15장 19~20절).

그런데 그 이후에 왕위에 오른 이스라엘 왕 베가가 앗수르에 충성을 다하지 않아서, 디글랏빌레셀은 이스라엘을 침공했다(열왕기하 15장 29절). 이 사건 이후에 이스라엘은 앗수르에 충성을 다짐

를 결정적으로 그리고 항구적으로 변화시켰다. 그 사건은 바로 앗수르의 침공과 북왕국 이스라엘의 멸망, 남왕국 유다에 대한 지배였다. John Bright, *A History of Israel*, 3rd edition(Philadelphia: Westminster Press, 1981), p.269.

30) 유프라테스 너머 지역은 질 좋은 목재와 광석이 풍부했고, 지리적으로 이집트와 소아시아 남서부 지역, 그리고 지중해로 이어지는 통로였기 때문이다. 그래서 앗수르 군대는 그 이후로 수세기 동안 서쪽으로 원정을 나갔다. 자비의 시대는 끝나고, 정복과 점령, 그리고 통치의 시대가 시작되었다. 같은 책, p.270.

31) 같은 책, p.275.

하고 조공을 바쳤는데, 이스라엘 왕 호세아가 앗수르 제국에 매년 바치던 조공을 중단하자 살만에셀 5세(주전 726~722년)가 사마리아를 포위 공격했으며(열왕기하 17장 3절 이하), 그 뒤를 이어 즉위한 사르곤 2세(주전 721~705년)는 북왕국 이스라엘을 멸망시키고 무려 27,000명 이상을 사마리아로부터 강제이주시켰다(열왕기하 17장 1~6절).

산헤립 때(주전 704~681년) 앗수르 제국은 남쪽으로 진군하여 애굽을 공격했으며, 유다 왕 히스기야에게 조공을 강요했다(열왕기하 18장 14절 이하). 산헤립은 예루살렘을 포위 공격했지만 갑작스럽게 퇴각했고, 귀국한 후에 두 아들에게 암살당했다(열왕기하 18장 17절~19장 37절). 앗수르바니팔(주전 668~627년경) 이후에 앗수르는 급격히 쇠퇴했으며, 그 틈을 타서 바벨론이 서서히 힘을 얻기 시작했다. 요시야는 이 기회를 이용해서 개혁을 통해 국가를 쇄신하려 했다. 주전 612년에 바벨론 왕 나보폴라살은 앗수르 수도인 니느웨를 함락시켰고, 609년에는 앗수르와 애굽 연합군을 물리치고 앗수르를 완전히 장악했다. 그 이후로 앗수르는 역사에서 사라지고, 주전 605년에 느부갓네살이 바벨론 왕으로 등극하면서 고대근동은 바벨론 제국 영향 하에 들어갔다.

여기서 간략하게 살펴본 대로 앗수르는 고대근동을 석권하기 위해서 주변 국가들을 침략하고 그들에게 고통을 주었다. 그러니 이스라엘을 비롯한 주변 국가들, 특히 약소국가들이 앗수르를 좋아했을 리가 없다. 그들은 앗수르가 망하기를 기원했을 것이다. 그런데 그토록 강성하던 앗수르도 이제는 완전히 멸망해서(주전 605년) 역사에서 사라져버린 것이다.[32] 에스겔이 예언하던 때엔 앗수르는 이

---

32) 생존세상에서 앗수르는 좋지 않은 기억(a bad memory)으로만 남아 있을 뿐이다. Leslie C. Allen, 앞의 책, p.137.

미 오래전에 멸망당한 후였다.[33] 그러니 앗수르가 살육당해서 음부
에 묻혀 있다는 표현이 적합하다.[34] 제국주의의 무덤에 가입한 첫
번째 나라는 앗수르였다.

3. 엘람

이렇게 앗수르가 음부에 누워 있는 모습을 본 다음 에스겔은 하
나님이 말씀하시는 것을 따라서 앗수르 바로 곁에 누워 있는 엘람
(עֵילָם)을 본다. 이 엘람은 어떤 나라인가?

엘람은 주전 3200년경부터 주전 331년까지 존속했던 나라인데,
이 나라에 대한 성서기록은 창세기 10장 22절, 이사야서 21장 2절,
예레미야서 25장 25절, 49장 34~39절,[35] 에스겔서 32장 34절, 다니
엘서 8장 2절, 스가랴서 4장 9절, 사도행전 2장 9절에서 찾아볼 수
있다.[36] 엘람은 신앗수르 제국 시대에는 바벨론과 힘을 합해서 앗
수르에 대항하다가 앗수르에 의해 침략을 받았지만[37] (에스라서 4

---

33) G. A. Cooke, 앞의 책, p.352.
34) 앗수르가 멸망한 지 20여 년 이상이 지났지만 에스겔은 그 사건을 아직도
    생생하게 기억하고 있었던 듯하다. D. I. Blocke, 앞의 책, p.226. 물론 앗
    수르라는 국가는 멸망했어도 그 민족들은 바벨론 제국 내에서 살고 있었다.
    A. Kirk Grayson, "Mesopotamia, History of(Assyria)", *ABD IV*, 747.
35) 이 예언은 시드기야 원년에 엘람에서 일어난 반란 사건이 신바빌론 제국
    을 몰락시키리라는 기대가 헛것임을 지적한다. Walther Zimmerli, 앞의
    책, p.175.
36) Fran ois Vallat, "Elam", *ABD II*, p.424.
37) 엘람은 주전 650년경에 앗수르의 앗수르바니팔에 의해서 치명적인 타격을
    입은 것으로 보인다. Walther Zimmerli, 앞의 책, p.175. G. A. Cooke,
    앞의 책, p.353. 앗수르바니팔은 바벨론과 그 동맹국인 엘람을 견제하는
    데 심혈을 기울였다. 바벨론이 약해지자 앗수르바니팔은 집중적으로 엘람
    을 공격해서 수도를 점령했다. A. Kirk Grayson, 앞의 글, p.746. 에스겔

장 9절), 바벨론이 앗수르를 몰락시킨 이후에 다시 힘을 얻은 것으로 보인다(예레미야서 49장 34~39절). 이 기록을 보면, 바벨론이 시드기야를 왕으로 세우는 주전 598년 무렵에 엘람이 상당히 강성해졌던 모양이다. 어쨌든 이스라엘 사람들, 특히 에스겔이 기억하는 엘람은 침략자였으며,[38] 세계를 두렵게 했던 제국주의 국가였다. 그러니 이스라엘이 엘람에 대해서 좋은 감정을 가질 리가 없다. 그래서 에스겔은 앗수르에 이어서 엘람을 언급하는 것이다. 본문은 엘람 역시 세계를 두렵게 한 죄로 인해 앗수르처럼 사형을 언도받고, 죽어서 수치스럽게 장례된 것으로 묘사한다.[39]

4. 메섹과 두발

그 다음에 에스겔이 보는 것은 메섹(מֶשֶׁךְ)과 두발(תֻּבַל)이다. 메섹과 두발은 이스라엘 북서쪽에 있었던 것으로 보이는데, 정확한 위치는 알 수 없다.[40] 창세기 10장 2절을 보면, 메섹은 야벳의 아들인데 여러 곳에서 두발과 함께 기록된 것을 볼 수 있어서, 두 나라는 매우 밀접한 관계였던 것으로 보인다.

메섹과 두발은 그 역사나 위치가 매우 불분명한데, 그럴수록 신

은 이런 역사적인 사건들을 잘 알았으며, 당시 국제정세를 정확하게 파악했던 것으로 보인다.

38) 이스라엘 백성들은 엘람을 끊임없이 전쟁을 일으킨 포악한 국가로 기억했다. G. A. Cooke, 앞의 책, p.352.

39) Walther Zimmerli, 앞의 책, p.175.

40) 메섹과 두발은 별개의 나라라기보다는 '메섹-두발'로 표기할 정도로 긴밀한 관계를 가진 나라이다. 그리고 메섹-두발은 소아시아 지역을 가리킨다. 같은 책, p.175. 알렌은 메섹-두발이 북해의 남동쪽에 있었다고 생각한다. Leslie C. Allen, 앞의 책, p.137.

비스러움을 더한다. 그래서인지 메섹과 두발은 종말론적인 본문에
서 다시 나타난다(에스겔서 38장 1~6절). 에스겔서 39장도 38장과
비슷하게 시작한다(1~5절). 여기서는 로스와 메섹, 두발을 마곡 지
역으로 부르고, 이 지역을 다스리는 왕을 곡이라고 부른다. 그런데
자세한 것은 알 수 없지만, 이스라엘과 그리 멀지 않은 곳에 위치
한 이 나라들이 이스라엘을 심하게 괴롭혔던 모양이다. 그래서 하
나님은 그들에게 심판을 선포하신다.

시편 120편 5절에도 메섹이 나오는데, 시편 기자는 메섹이 화평
을 원치 않고 싸우려고만 하는 자, 남들을 살육하는 자들이라고 말
한다. 이것이 일반적으로 이스라엘 사람들이 메섹(과 두발)에 대해
서 갖는 생각일 것이다.[41] 그런 메섹과 두발이 이제는 살육을 당해
서 음부에 누워 있다는 것이다.

5. 에돔

그 다음은 에돔(אֱדוֹם)이다. 에돔은 사해 밑 부분에서 홍해 동북
편 아카바만에 이르는 산악지대(세일산)에 위치하는데, 주전 13세
기경에 세워졌다. 다윗이 에돔을 점령해서(사무엘하 8장 14절, 열왕
기하 3장 8절) 에돔은 이스라엘에 복속되었다. 그 이후로 에돔은
이스라엘에서 독립하기 위해서 여러 차례 시도했다. 에돔은 바벨론
에 대항하지도 않았지만 그렇다고 바벨론을 적극적으로 돕지도 않
았다. 에돔은 주전 552년에 나보니두스에 의해서 정복당했다.[42] 마

---

41) 이스라엘 백성들은 메섹과 두발을 전쟁을 즐기고 호전적인 민족으로 생각
   했는데, 메섹과 두발은 당시 앗수르를 괴롭혔던 국가였다. G. A. Cooke,
   앞의 책, p.353.

카비 시대에는 에돔 사람들이 유대로 많이 들어와서 그들이 거주하는 지역을 이두메라고 불렀다.

예언자들도 에돔에 대해서 예언했는데, 대체로 에돔이 이스라엘에 복수한 것을 책망하고 심판을 선포했다(이사야서 34장 5~15절, 63장 1~6절, 예레미야서 49장 7~12절, 에스겔서 25장 12~14절, 아모스서 1장 11~12절, 오바댜서).

본문을 보면, 에돔에 관한 구절들에는 "(에돔이) 세상을 두렵게 했다"는 말이 나오지 않는다. 그리고 "그 무리가 그 무덤 사방에 있음이여"란 구절도 나오지 않는다.[43] 이런 점에서 에스겔은 에돔을 앗수르나 엘람, 메섹과 두발 같은 제국주의자들과는 다르게 평가하는 것으로 보인다.[44] 에돔 같은 약소국이 제아무리 강해진다고 해도 제 스스로는 주변 세계를 두렵게 했을 리 없고 제국주의자들과 어깨를 나란히 할 수 없었음이 분명하다. 그래서 제국주의적인 강대국들과는 다르게 평가받지만 강대국들에게 협력해서 이스라엘을 공격했다는 죄목으로 비판받는다.[45]

---

42) J. R. Bartlett, "Edom", *ABD* II, 293.
43) Moshe Greenberg, 앞의 책, p.666.
44) Walther Zimmerli, 앞의 책, p.177.
45) 이스라엘이 에돔을 계속 지배했기 때문에 에돔은 이스라엘에 대해서 심한 적대감을 갖고 있었으며, 민족적인 감정으로 인해서 바벨론이 예루살렘을 함락할 때 에돔은 바벨론 편에 가담해서 유대의 성읍들을 무자비하게 점령했다는 것이 일반적인 견해이다(애가서 4장 21절, 에스겔서 35장 15절). 그러나 이러한 주장은 상당히 왜곡된 것으로 보이고, 실제로 에돔은 예루살렘이 함락당했을 때 유다 피난민들을 받아들였다(예레미야서 40장 11절). 특히 남유다 지역 사람들은 에돔이 가까웠기 때문에 그곳으로 피했을 것이다. 그렇기 때문에 주전 587년에 에돔이 공식적으로 그리고 군사적으로 바벨론을 도왔다는 것은 근거 없는 주장이다. J. R. Bartlett, 앞의 글, p.292f. 그래서 구약성서, 특히 예언서가 에돔을 부정적으로 보는 근거가 무엇인지에 대해서 보다 정확한 연구가 필요하다.

6. 시돈

그 다음은 에스겔이 본 것은 고대 페니키아의 도시국가 시돈
(צִידוֹן)이다. 시돈도 애굽과 함께 음부에 누워 있다. 해상무역국기인
시돈은 역사적으로 이스라엘과 밀접한 관계를 맺는데, 여러 가지
면에서 이스라엘보다 선진국이어서 솔로몬이 성전을 건축할 때에
시돈인을 고용했다(열왕기상 5장 6절). 그리고 시돈은 정치적으로도
이스라엘에 막대한 영향을 미쳤는데, 북왕국 이스라엘 왕 아합은
시돈 왕 엣바알의 딸인 이세벨과 결혼했다(열왕기상 16장 31절). 그
이후로 시돈은 북왕국뿐만 아니고 남왕국 유다에도 정치적으로 압
력을 행사했다. 시돈은 두로와 더불어 당시 국제정세에 깊이 관여
했으며, 이스라엘과 유다의 운명에 결정적인 영향을 끼쳤다.

예언자들이 시돈과 두로에 대해서 비판적으로 예언하는 것을 보
면, 이스라엘과 유다가 그들에 대해서 좋지 않은 감정을 가졌던 것
으로 보인다. 이스라엘 입장에서는 두로나 시돈이 힘을 잃고 이스
라엘 운명에 관여하시 않기를 바랐을 것이다. 에스겔은 시돈이 반
바벨론 연합에 가담해서 유다를 압박하지만 그것이 실패로 끝날 날
이 얼마 남지 않은 상황에서 본문을 기록했을 것이다. 그는 시돈이
이미 멸망해서 음부에 누운 모습을 보았다.[46]

앗수르, 엘람, 메섹과 두발, 에돔 그리고 시돈, 에스겔은 이런 나
라들과 함께 애굽이 음부에 누울 것이라는 하나님 말씀을 듣는다.
우리는 본문을 읽으면서 시니컬한 음성을 듣는다. 31절과 32절을
뉘앙스를 살펴서 풀어 읽어보자. "그들은 쇠망해서 음부에 누운 신

---

[46] 본문에서 시돈은 시돈뿐만 아니고 두로를 포함해서 페니키아 전 지역을
가리킨다. Walther Zimmerli, 앞의 책, p.177. Leslie C. Allen, 앞의 책,
p.138. Philip C. Schmitz, "Sidon", *ABD* VI, 17.

세가 되었어도 결코 외롭지 않을 것이다. 제국주의의 무덤에 입회한 여러 동지들이 있으니 말이다." 그렇지만 아무리 동지들이 많다고 해도 그래서 그들이 힘을 규합한다고 해도 그들은 더 이상 아무런 힘도 쓰지 못할 것이다. 이제 그들이 할 수 있는 일은 그냥 조용히 누워 있는 것뿐이다.

그런데 여기에 언급하는 나라들은 그 강성함에 따라서, 그리고 언급하는 본문의 양과 문학적인 구성요소들에 의해서 세 등급으로 나뉜다. 애굽과 앗수르, 엘람과 메섹, 두발 그리고 본문에는 언급하지 않았지만 바벨론은 제국주의적 세계지배야망을 가진 강대국들이다. 두로와 시돈은 거기에 미치지 못하는 2등급 국가들이지만, 그래도 팔레스타인 지역에서는 다른 나라들에 대해 영향력을 강하게 행사한 나라들이다. 그리고 에돔은 그들에 크게 미치지 못하는 3등급 국가이다. 본문이 에돔을 3등급으로 보는 것은 본문이 에돔에 대해서 말할 때 다른 나라들과는 달리 "세계를 두렵게 했다"는 구절을 넣지 않은 것과 에돔의 동맹국들에 대해서 언급하지 않은 것에서 알 수 있다. 이것을 통해서 우리는 에스겔이 당시 세계를 지리적으로 또 정치적으로 어떻게 인식하고 있었는지를 알 수 있다.

Ⅳ. 본문과 이방예언

1. 이방예언

본문, 즉 에스겔서 32장 17~32절은 29장부터 나오는 애굽에 대한 예언을 마무리하는 부분이다. 그리고 29~32장은 그 앞에 나오는 26~28장, 즉 두로에 대한 예언과 연결된다. 그리고 이것들은 여러 나라들에 대해서 예언하는 25장과 연결된다. 그래서 본문은 25장에서 시작해서 32장에서 마치는 이방예언을 끝맺는 부분이다. 에스겔은 모두 일곱 나라에 대해서 예언한다.[47] 25장에서 32장까지 어떻게 구성되었는지 살펴보기로 하자.

> 첫 번째 이방예언(25장) - 네 나라에 대한 예언
> 암몬에 대한 예언(1-7절)
> 모압과 세일에 대한 예언(8-11절)
> 에돔에 대한 예언(12-14절)
> 블레셋에 대한 예언(15-17절)
> 두 번째 이방예언(26-28장) - 두로와 시돈에 대한 예언
> 세 번째 이방예언(29장-32장) - 애굽에 대한 예언
> 이 이방예언은 구성과 분량이 매우 정교하게 설정되어 있다.[48]

---

47) 에스겔이 예언하는 나라들이 모두 7개 국가인 것은 '가나안 7족속'을 떠올리게 한다. 그래서 그 나라들은 반드시 진멸당해야 한다고 생각하게 한다. 침멀리는 에스겔이 그렇게 의도한 것이라기보다는 후대의 편집자가 그렇게 했을 것으로 생각한다. Walther Zimmerli, 앞의 책, p.3. 그리고 7이라는 숫자를 통해서 가나안 7족속을 떠올리게 한 것은 유다의 새로운 엑소더스를 암시하는 것으로 볼 수 있다. D. I. Blocke, 앞의 책, p.5, 각주7.
48) 침멀리는 25~32장을 25~28장과 29~32장으로 나눌 수 있다고 말한다.

여섯 나라에 대한 심판예언(25장 1절-28장 23절 모두 97절)

이스라엘에 대한 구원예언(28장 24-26절)

이집트에 대한 심판예언(29장 1절-32장 32절 모두 97절)[49]

구성과 분량뿐만 아니고 예언하는 순서도 매우 정교하다. 예언 순서를 보면, 사해 동편 위쪽인 암몬에서 시작해서 시계방향으로 돌면서 모압과 에돔을 거쳐서 지중해변에 위치한 블레셋에까지 가는 방식을 취한다.[50] 그런 다음 두로와 시돈으로 올라갔다가 다시 내려와서 애굽에 대해 예언한다.

에스겔뿐만 아니고 다른 예언자들도 이방에 대해서 예언한다.[51] 아모스서에는 이방예언이 1장과 2장에 나온다. 다메섹, 즉 아람으로 시작해서 블레셋, 두로, 에돔, 암몬, 모압, 유다, 이스라엘로 이어진다. 에스겔처럼 모두 7나라에 대해서 심판을 선포한다. 이사야서에는 13~23장에 이방예언이 나온다. 이사야서는 이방예언을 바벨론으로 시작한다(13장 1절~14장 23절). 그리고 앗수르(14장 24~27절), 블레셋(14장 28~32절), 모압(15~16장), 다메섹(17장), 구스(18장), 애굽(19장), 애굽과 구스(20장), 바벨론(21장 1~10절), 두마(11~12절), 아라비아(13~17절), 예루살렘(22장), 두로와 시돈(23장)으로 이어진다. 그리고 예레미야서에는 이방예언이 46장에서 51

Walther Zimmerli, p.4.

49) 에스겔은 두로와 애굽을 비롯한 주변 국가들에 대해서 심판을 선언하는데, 그들에 대한 심판은 이스라엘에 대한 구원으로 이어진다. 이스라엘에 대한 구원예언은 여섯 나라에 대한 심판예언과 애굽에 대한 심판예언 중간에 위치한다. 그리고 여섯 나라에 대한 심판예언과 애굽에 대한 심판예언은 그 분량, 즉 절수가 동일하게 97절이다. D. I. Blocke, 앞의 책, p.4f.

50) Moshe Greenberg, 앞의 책, p.522, 527. D. I. Blocke, 앞의 책, p.5.

51) Leslie C. Allen, 앞의 책, p.66.

장에 나오는데, 애굽(46장), 블레셋(47장), 모압(48장), 암몬(49장 1~6절), 에돔(49장 7~22절), 다메섹(49장 23~27절), 아라비아(49장 28~33절), 엘람(49장 34~39절), 바벨론(50~51장)으로 이어진다. 이렇게 보면 에스겔서가 지리적으로 가장 일정한 방향을 갖고 예언한 것을 알 수 있다. 이것은 에스겔이 당시 세계를 지리적·정치적인 측면에서 명쾌하게 이해했음을 암시한다.

에스겔이 선포한 이방예언을 보면서 우리는 두 가지 의문을 갖는다. 왜 에스겔은 다른 나라들에 대해서는 간략하게 다루면서 두로와 애굽에 대해서는 석 장 또는 넉 장이라는 많은 양을 할애하는가? 그리고 더욱 의문인 것은 이스라엘에게 더 많은 어려움을 주고 나라를 멸망시킨 바벨론에 대해서는 왜 별말이 없는가 하는 것이다.

에스겔의 이방예언에 나오는 여섯 나라들은 모두 반(反)바벨론 동맹에 가담한 나라들이다. 그래서 여러 차례 바벨론에 대항해서 독립전쟁을 일으켰다. 그러나 그때마다 바벨론에 의해서 무자비하게 진압되고 말았다. 당시 국제적인 상황으로 보아서는 바벨론에 대항하는 것은 바로 죽음을 의미했다. 그런데도 이 나라들이 반바벨론 동맹을 결성한 이유는 무엇인가? 그것은 이집트가 계속해서 그들을 지원하고 부추겼기 때문이다.[52] 이집트는 메소포타미아에 강대국이 등장할 때마다 자기 나라의 이익과 안전을 위해서 팔레스타인의 나

---

[52] "지리적으로 이집트에 인접해 있었기 때문에 정치적, 문화적으로 이집트는 이스라엘과 유다 역사 전체에 걸쳐 끊임없이 영향을 미쳤다." J. Maxwell Miller and John H. Hayes, 앞의 책, p.30. J. Alberto Soggin, *Storia d'Israele, dalle origini alla rivolta di Bar-Kochba, 135 d. C.*, tr. John Bowden, *A History of Ancient Israel-From the Beginnings to the Bar Kochba Revolt, A.D. 135*(Philadelphia: The Westminster Press, 1984), p.250.

라들을 선동해서 그들로 하여금 그 강대국에 대항하도록 했다. 앗수르가 등장했을 때에는 앗수르에 대항하게 하고, 바벨론이 등장했을 때에는 바벨론에 대항하도록 했다.[53] 그러면서 결정적인 순간에는 팔레스타인의 국가들을 도와주지 않았으며, 자기 나라에 도망 온 팔레스타인의 정치지도자들을 앗수르나 바벨론에게 넘겨주기도 했다.[54] 북왕국의 멸망은 자체적인 원인도 있지만, 이러한 이집트의 선동에 말린 것도 중요한 패망 원인이다. 그리고 유다의 멸망 역시 이집트의 선동에 말려서 반바벨론 정책을 펼친 것이 패망의 원인이 되었다. 애굽은 북왕국과 남왕국 멸망에 결정적인 역할을 했다.[55] 그러니 에스겔이 이집트에 대해서 강력하게 심판예언을 선포하지 않을 수가 없었을 것이다. 그리고 두로는 팔레스타인의 국가들 가운데서 가장 영향력이 있는 나라였으며, 이집트의 지시를 받아서 유다를 비롯한 팔레스타인의 국가들에게 반바벨론 정책을 취하도록 압력을 넣었다. 에스겔은 두로와 이집트가 유다를 멸망케 한 장본인이라고 생각했던 것으로 보인다. 그래서 두로와 이집트에 대해서 집중적으로 심판을 선언한 것이다.

그리고 에스겔서의 이방예언에 바벨론에 대한 심판예언이 없는 또 다른 이유는 무엇인가? 에스겔이 예레미야처럼 친바벨론주의자이기

---

53) D. I. Blocke, 130. "이집트는 반란을 선동했거나 적어도 강력하게 후원하였다. 상부 이집트를 근거지로 한 제25(에디오피아 또는 누비아)왕조는 하부 이집트와 삼각주 지대에 권력 기반을 구축한 후였기 때문에 이제 기세를 떨칠 위치에 있었다." J. Maxwell Miller and John H. Hayes, 앞의 책, p.447. 느고(Necho)에 이어서 그의 아들 프삼메티쿠스 2세(Psam-meticus II, 595-589 B. C.)가 왕위에 올랐는데, 그는 유다를 적극적으로 지원하면서 유다로 하여금 느브갓네살에게 대항하도록 했다. Anthony Spalinger, "Egypt, History of(Dyn. 21-26)", *ABD. II*, 361.

54) 그래서 이사야와 에스겔은 애굽을 (상한) 갈대에 비유한다. Moshe Green-berg, 앞의 책, p.604, 608.

55) D. I. Blocke, 앞의 책, p.129.

때문인가? 예레미야나 에스겔은 유다가 절대로 바벨론에 대항해서는
안 된다는 것을 강력히 주장했다. 그래서 그들은 얼핏 친바벨론주의
자들로 보인다. 그러나 예레미야가 바벨론을 좋아했던 것은 결코 아
니다. 예레미야는 주전 593년에 시드기야가 느부갓네살을 만나러 바
벨론에 갈 때 바벨론에 대한 심판예언을 한 권의 책으로 기록해서 시
드기야를 수행하는 스라야에게 주면서, 바벨론에 가면 유프라테스 강
에 그 책을 던지도록 부탁한다(예레미야서 51장 59~64절).

　이렇듯 예레미야는 친바벨론주의자이기는 했지만, 그러나 그것은
당시 국제정세 속에서 유다가 살아남기 위해서 취해야 할 외교노선
에 불과한 것이지 예레미야가 진정으로 바벨론을 사랑해서 그런 것
은 아니었다. 그래서 예레미야는 궁극적으로 바벨론이 멸망할 것이
라는 예언을 할 수 있었다.

　이러한 입장은 에스겔도 마찬가지일 것이다. 그런데 왜 에스겔서
에는 바벨론에 대한 심판예언이 없는가? 그 이유는 에스겔 자신이
바벨론에 있었고, 유대인 포로들이 바벨론에서 살고 있었기 때문이
다. 예레미야는 바벨론에 가지 않았다. 그러나 에스겔은 바벨론에
끌려간 유대인 포로공동체의 한 사람이었으며, 그곳에서 예언자로
부름을 받았다. 그렇기 때문에 바벨론의 유대인 공동체는 결코 바
벨론에 반대하는 입장을 표명할 수가 없었을 것이다. 이런 이유로
인해서 에스겔서의 이방예언에는 바벨론에 대한 심판예언이 들어
있지 않은 것이다. 그리고 에스겔은 바벨론이 이방예언에서 언급한
일곱 나라들을 징벌할 도구로 하나님께 쓰임받는다고 생각했기 때
문에 바벨론에 대해서 심판을 명시적으로는 선포하지 않았을 것이
다.[56)]

2. 이방예언의 의미

우리는 여기서 이스라엘의 예언, 특히 지금까지 우리가 읽어온
이방예언이 그것을 듣고 읽는 사람들에게 어떤 기능을 하는지 생각
해야 한다. 우리가 에스겔서를 읽으면서, 더 자세하게는 이방예언을
읽으면서 많이 만나는 구절이 하나 있는데, 그것은 '그들이 나를 여
호와인 줄 알리라'는 것이다. "(그들이) 나를 여호와인 줄 알리라"
는 구절은 에스겔서에 65번 나온다. 그렇기 때문에 이 구절은 에스
겔서의 특징적인 구절이라고 할 수 있을 것이다. 많은 예언들이 이
말로 끝을 맺는다. 우리는 여기서 하나님의 심중을 헤아릴 수 있다.
하나님이 하시는 일은 자신을 사람들에게 알리시는 데 목적을 둔
다. '그들이 나를 여호와인 줄 알리라'는 것은 그들이 아직 여호와
를 알지 못한다는 것을 전제한다. 그들이 심판받을 짓을 감행하는

---

56) Walther Zimmerli, 앞의 책, p.4. Douglas Stuart, *Ezekiel-The
Communicator's Commentary*(Dallas, Texas: Word Books, Publisher,
1989), p.303. 에스겔은 바벨론이 하나님이 드신 심판의 칼이며, 그렇기
에 바벨론이 유다를 공격하는 것이 마땅하다고 보았기 때문에, 그것을 저
지하는 것은 하나님 뜻을 거스르는 것으로 생각했다. 그래서 에스겔이 유
다를 침공한 바벨론이나 다른 나라들보다 바벨론에 맞선 애굽과 두로에
대해서 강력하게 심판을 선포하는 것이다. D. I. Blocke, 앞의 책, p.4.
하지만 그렇다고 해서 바벨론을 신성하게 여기거나 그 제국이 영원할 것
이라고 생각한 것은 결코 아니다. 명확하게 드러내서 말하지는 않지만,
바벨론도 나중에는 앗수르나 애굽처럼 되리라 믿었을 것이다. 바벨론에
대한 에스겔의 암시적 비판에 대해서는, 이종록, 『디지털 에스겔-디지털
시대에 대한 신학적 접근』(서울: 한국장로교출판사, 2001), pp.61~88(제3
장, "이미지, 은유와 상징-벽돌쌓기의 괴로움")을 보라. 여기서는 에스겔
서 4장의 벽돌 예언을 창세기 11장의 바벨 이야기, 그리고 출애굽기 1장,
5장과 연결시켜서 살펴보았다. 바벨 이야기가 바벨론 포로기를 전제한다
[Gösta W. Ahlström, *The History of Ancient Palestine from the
Palaeolithic Period to Alexander's Conquest*(Sheffield: JSOT Press,
1993), p.30]는 점에서 이러한 고찰은 의미가 있다.

것은 여호와를 알지 못하기 때문이라는 것이다. 그들이 여호와를
안다면 그런 일을 하지 않을 것이다. 그런데 그들은 지극히 교만하
기 때문에 그들이 갖고 있는 것들, 그 아름다운 것들을 통해서 세
계에 기여하려 하지 않고 오히려 세계를 지배하려는 야욕으로 주변
약소국들과 그 백성들을 괴롭혔다. 그러니 그들의 교만함을 꺾어버
려야만 그때에야 비로소 그들은 여호와가 어떤 분인지 알고, 그분
이 원하시는 대로 살아갈 것이다.

　　13 나 주 여호와가 말하노라 사십년 끝에 내가 만민 중에 흩은
애굽사람을 다시 모아 내되 14 애굽의 사로잡힌 자들을 돌이켜 바
드로스 땅 곧 그 고토[57]로 돌아가게 할 것이라 <u>그들이 거기서 미
약한 나라가 되되 15 나라 중에 지극히 미약한 나라가 되어 다시
는 열국 위에 스스로 높이지 못하리니 내가 그들을 감하여 다시는
열국을 다스리지 못하게 할 것임이라</u>[58] 16 그들이 다시는 이스라
엘 족속의 의뢰가 되지 못할 것이요 이스라엘 족속은 돌이켜 그들
을 바라보지 아니하므로 그 죄악이 기억나게 되지 아니하리니 그
들이 나를 주 여호와인 줄 알리라 하셨다 하라(에스겔서 29장)

---

57) 바드로스는 애굽의 남부지역, 즉 상부 애굽을 가리키는데 나일 삼각지(미
　　츠라임)와 이디오피아(구스) 중간 지역이다. 델타 지역이 아닌 이곳을 고
　　토로 지칭하는 것은 그곳이 원애굽임을 의미한다. 일정 기간이 지나면 애
　　굽이 회복되겠지만 예전처럼 넓은 영토를 차지하지 않고 원애굽 지역에
　　국한할 것을 말한다. 그러면 다른 나라를 침략하고 지배하려는 엄두를 내
　　지 않을 것이다. Walther Zimmerli, 앞의 책, p.114f. Moshe Greenberg,
　　앞의 책, p.607. Wather Eichrodt, 앞의 책, p.406. 바드로스를 원애굽
　　으로 지칭하는 것은 나일 삼각지를 중심으로 형성된 애굽의 제국주의에
　　대한 반감 때문이다. D. I. Blocke, 앞의 책, p.143.
58) 애굽을 남부 지역에 국한하면 영토가 과거보다 절반 이상 줄어든다. G. A.
　　Cooke, 앞의 책, p.328. 하나님이 강력한 제국이 다시 생기는 것을 원치
　　않으시는 까닭은 과거에 그들이 전쟁을 일으키고 다른 나라를 압제하고
　　노예로 삼았기 때문이다. 하나님은 그런 제국주의적 행태가 재현되는 것을
　　결코 바라지 않으신다. Walther Eichrodt, 앞의 책, p.406.

여기서 중요한 것이 바로 '……하리니 그들이 나를 주 여호와인 줄 알리라'는 것이다. 이방, 특히 제국주의적 세계지배야욕을 가진 강대국으로 하여금 하나님을 알게 하는 것. 그 힘을 약화시켜서 다른 나라와 민족을 괴롭히지 않게 하는 것. 이것이 하나님의 목적이다.

그리고 이 이방예언들을 통해서 궁극적으로 주시는 메시지는 교만한 강대국들이 몰락한 이후에 유다가 구원을 받을 것이라는 확신이다.[59]

> ……24 이스라엘 족속에게는 <u>그 사면에서 그들을 멸시하는 자</u> 중에 찌르는 가시와 아프게 하는 가시가 다시는 없으리니 그들이 나를 주 여호와인 줄 알리라
> 25 나 주 여호와가 말하노라 내가 열방에 흩어 있는 이스라엘 족속을 모으고 그들로 인하여 열국의 목전에서 내 거룩함을 나타낼 때에 그들이 고토 곧 내 종 야곱에게 준 땅에 거할지라 26 그들이 그 가운데 평안히 거하여 집을 건축하며 포도원을 심고[60] <u>그들의 사면에서 멸시하던 모든 자를</u> 내가 국문할 때에 그들이 평안히 살며 나를 그 하나님 여호와인 줄 알리라(에스겔서 28장)

이것은 이스라엘을 구원하고 회복시킴으로써 이스라엘을 멸시하던 자들, 즉 약소국가들을 점령하고 그들을 식민지화하려는 강대국들의 제국주의적 세계지배전략을 하나님이 무력화시키시는 것을 의미한다. 힘이 넘쳐서 온 세상을 뒤흔들며 다른 나라를 수치스럽게 하던 강대국들은 결국 음부로 사라져서 이루 말할 수 없는 수치를 당하며 죽은 채 조용히 지내겠지만, 그들에게 괴롭힘을 당하고 수치를 당해서 죽은 것과 같았던 약소국 이스라엘은 존귀하게 회복될 것이고 평안을 누리며 생동력 넘치고 풍성한 삶을 누릴 것이다.[61] 이 얼마나 대조적인 모습인가.

---

59) D. I. Blocke, 앞의 책, p.234.
60) 이것은 예레미야서의 전형적인 표현이다. Leslie C. Allen, 앞의 책, p.99.
61) Douglas Stuart, 앞의 책, p.306.

V. 맺는 말

우리는 에스겔서 32장 17~32절을 통해서 강대국들이 제국주의적 세계지배야욕을 갖고 충돌함으로써 당시 온 세계를 전쟁의 참화 속으로 이끌고 들어간 상황, 즉 그들이 온 세계를 두려움에 떨게 하는 상황 속에서 에스겔이 과연 강대국들을 비롯한 주변 세계를 어떻게 인식했는지를 살펴보았다. 에스겔은 강대국들의 제국주의적 야망을 거부한다. 이것은 강대국들이 결국 살육당해서 그들이 살육한 자들과 더불어서 무덤, 즉 '제국주의의 무덤'이라고 지칭할 수 있는 곳에 누워 있다고 묘사하는 것에서 명확하게 드러난다. 본문에서 "살육당한 자들", 즉 칼에 찔려 죽은 자들이라는 구절이 반복되는 것을 보면서, "칼을 가진 사람은 칼로 망한다"는 주님의 말씀을 떠올린다.

본문이 궁극적으로 우리에게 보여주는 것은 강대국들에게 침탈당하는 이스라엘을 구원하심으로써 그들의 제국주의적 세계지배전략을 깨뜨리시고, 각 국가들, 특히 이스라엘과 같은 약소국가, 제3세계민들이 온 세계에 강대국들이 조장하는 두려움에서 벗어나 제각기 평화를 누리며 살기를 원하시는 하나님이다. 하나님은 역사를 주관하시는 분이다. 그분은 전쟁을 일으켜서 세계를 핏빛으로 물들게 하는 제국주의자들을 결코 용납하지 않으신다. 그들의 생각과는 정반대로 온 세상 사람들이 평화롭게 사는 것, 하나님은 이것을 바라신다. 그런데 그런 세상은 강대국들이 제국주의의 무덤 속에 누워 그동안 온 세상을 폭력으로 뒤흔들어 놓은 세계지배야욕에서 깨어나 하나님을 알게 될 때 이루어질 것이다. 그리고 그날은 반드시 올 것이다. 그래서 하나님은 이 시간도 이렇게 말씀하신다. 결국 "그들이 나를 알리라."

참고문헌

박대재. 『의식과 전쟁 – 고대국가를 바라보는 새로운 시각』. 서울: 책세
　　상, 2003.

이종록. 『디지털 에스겔 – 디지털 시대에 대한 신학적 접근』. 서울: 한
　　국장로교출판사, 2001, pp.61~88(제3장, "이미지, 은유와 상징 –
　　벽돌쌓기의 괴로움").

이종록. 「할례, 그 섬뜩함과 에로틱함의 절묘한 조화」. 『기독교사상』
　　545호(2004년 5월호), pp.232~251.

Ahlström, Gösta W. *The History of Ancient Palestine from the
　　Palaeolithic Period to Alexander's Conquest.* Sheffield: JSOT
　　Press, 1993.

Allen, Leslie C. *Ezekiel 20-48.* WBC., Dallas. Texas: Word Books,
　　Publisher, 1990.

Bartlett, J. R. "Edom". *ABD II*, pp.287-295.

Blocke, Daniel I. *The Book of Ezekiel Chapters 25-48*, NICOT. Grand
　　Rapids, Michigan: William B. Eerdmans Publishing Co., 1998.

Bright, John. *A History of Israel*, 3rd edition. Philadelphia:
　　Westminster Press, 1981.

Cooke, G. A. *A Critical and Exegetical Commentary on the Book of
　　Ezekiel*, ICC. Edinburgh: T & T Clark, 1936, 1970.

Eichrodt, Walther. *Der Prophet Hesekiel.* tr. Cosslett Quin. *Ezekiel-A
　　Commentary.* London: SCM Press Ltd., 1970, 1980.

Grayson, A. Kirk. "Mesopotamia, History of(Assyria)". *ABD IV*, pp.

732-755.

Greenberg, Moshe. *Ezekiel 21-37.* AB. New York: Doubleday, 1997.

Hals, Ronald M. *Ezekiel.* The Forms of the Old Testament Literature. Grand Rapids, Michigan: William B. Eerdmans Publishing Company, 1989.

Kutsch, Ernst. *Die chronologischen Daten des Ezechielbuches.* Göttingen: Vandenhoeck und Ruprecht, 1985.

Miller J. Maxwell and Hayes, John H. *A History of Ancient Israel and Judah.* 박문재 옮김. 『고대 이스라엘 역사』. 서울: 크리스챤 다이제스트, 1996.

Schmitz, Philip C. "Sidon". *ABD VI.* pp.17-18.

Schwartz, Seth. *Imperialism and Jewish Society, 200 B. C. E. to 640 C. E.* Princeton: Princeton University Press, 2001.

Soggin, J. Alberto. *Storia d'Israele, dalle origini alla rivolta di Bar-Kochba, 135 d. C.* tr. John Bowden. *A History of Ancient Israel-From the Beginnings to the Bar Kochba Revolt, A.D. 135.* Philadelphia: The Westminster Press, 1984.

Spalinger, Anthony. "Egypt, History of(Dyn. 21-26)". *ABD. II.* pp. 353-364.

Stuart, Douglas. *Ezekiel-The Communicator's Commentary.* Dallas, Texas: Word Books, Publisher, 1989.

Vallat, François. "Elam". *ABD II.* pp.424-429.

Zimmerli, Walther. *Ezekiel 2.* tr. James D. Martin. *Ezekiel 2- A Commentary on the Book of the Prophet Ezekiel Chapters 25-48.* Philadelphia: Fortress Press, 1983.

제2장 디아스포라와 새로운 엑소더스

- 예언서에 나타나는 제국주의 -

흩어짐과 돌아옴

베스트셀러 『영광의 탈출(원제 엑소더스·Exodus)』의 유대계 미국인 작가 레온 유리스가 뉴욕 셀터 아일랜드의 자택에서 21일 사망했다고 전처인 사진작가 질 유리스가 24일(현지시간) 밝혔다. 향년 78세. 1958년 발간된 『영광의 탈출』은 이스라엘의 건국 과정을 그린 작품으로 1960년 폴 뉴먼 주연으로 영화로도 만들어졌다. 탐험가이기도 했던 유리스는 『영광의 탈출』 자료수집을 위해 수만 ㎞를 답사하는 열정을 보이기도 했다. 〈≪한국일보≫ 2003년 06월 25일〉

'엑소더스'는 옛 이스라엘 땅으로 돌아가려고 유대인들이 구입한 화물선 이름이다. 그들은 팔레스타인으로 가기 위해 배를 구입하고, 그 배 이름을 '엑소더스'라고 지었다. 그들은 옛 이스라엘 사람들이 이집트에서 나와 팔레스타인으로 들어가서 나라를 세웠던 것처럼 그렇게 엑소더스하려 한다. 하지만 그들이 팔레스타인으로 돌아가는 것을 영국인들이 허락하지 않자 유대인들은 배에 있는 모든 식량을 바다에 버리고 단식에 들어간다. 많은 사람들이 쓰러지고 죽는 사람도 생겨난다. 그러다 결국 허락을 받고 팔레스타인으로 가서 우여곡절을 겪으면서 새 나라를 이룩한다. 그들 소원대로 엑소더스를 한 것이다.

엑소더스. 구약성서에서 중요한 사건과 개념 가운데 하나가 엑소더스(Exodus. 일반적인 의미로는 '어느 곳에서 나와서 다른 곳으로 가는 지역적인 이동'을 의미하지만, 성서적으로는 "이스라엘 백성들이 이방 땅에서 나와 이스라엘 땅으로 다시 돌아가는 것'을 가리킨다)이다. 그런데 엑소더스는 이스라엘 백성이 세계 각처로 흩어진 것, 즉 '디아스포라'를 전제한다. 그들이 흩어져 사는 곳에서 고토(古土)로 돌아가는 것이 바로 엑소더스이다. 구약성서에 기록된 옛 이스라엘 백성들의 삶은 디아스포라와 엑소더스, 즉 흩어짐과 돌아옴으로 점철되었다고 할 수 있을 것이다. 그중에서도 예언서는 이스라엘 백성들의 흩어짐과 돌아옴을 중심으로 내용을 전개한다. 그래서 예언서는 디아스포라를 위한 문학, 또는 디아스포라의 문학이라고 할 수 있을 것이다. 이스라엘 민족의 흩어짐과 돌아옴, 즉 디아스포라와 엑소더스는 한국역사, 특히 근·현대사를 조망하는 데 도움을 준다. 한민족 역시 국가적 재난으로 인한 디아스포라와 엑소더스를 경험했고, 지금도 많은 사람들이 세계 각처에 흩어져 산다. 한국에 거주하는 사람들은 지금까지 한민족 디아스포라들에게 별 관심을 보이지 않다가 최근 이들에게 관심을 보이기 시작했는데, 그 한 예로 한민족 디아스포라 문학에 대한 포럼이 몇 해 전에 열렸다.

　　국내외 한민족 작가들이 모여 다문화시대의 한국문학, 한민족문학 네트워크 구축 등에 관해 논하는 '한민족문학포럼'이 다음 달 3, 4일 서울 아미가 호텔에서 열린다. 재외동포재단, 대산문화재단, 국제펜클럽 한국본부가 공동 주최하는 이번 포럼은 국내외 동포 작가들이 '한민족 작가'라는 이름으로 한자리에 모인다는 데 의미가 있

다. 올해로 3회째를 맞는 세계한민족문화제전 한민족문화공동체대
회(다음 달 1~5일)의 메인 행사로 기획된 한민족문학포럼은 '디아
스포라(Diaspora·민족분산), 아이덴티티(Identity·정체성) 그리고 문
학'을 대주제로 ▲한민족 공동체와 이민문학 ▲재외동포 문학의 현
재 ▲다문화시대의 한국문학 ▲나의 삶, 나의 문학(현월, 고은) ▲
한민족문학의 교류와 네트워크 구축이라는 총 5개의 주제에 걸쳐
주제발표와 토론을 갖는다. 한민족으로서의 정서상 공통점을 모색
하고 나아가 세계를 지향하는 문학이라는 개방적 관점에서 의견을
나누는 장을 제공하는 것이 이번 행사의 목적. 동시에 한민족 작가
간 네트워크 형성을 위한 기반을 마련한다는 의의도 있다. …… 문
학평론가 김우창 씨는 '민족과 보편적 지평'이라는 제목의 기조연설
문서 "한국 역사의 특징의 하나는 정치적 힘과 윤리의 불가분성에
대한 철저한 의식에 있다"며 "역사의 대전환기에서 우리가 새로운
정체성을 찾는다면 핵심은 이 이야기를 중심으로 회복되고 구성돼
야 한다"고 말했다. 다른 기조연설자로 나서는 재외동포 작가인 이
회성 씨는 "우리나라 또한 남북으로 갈라진 '팔레스타인'이자 모두
'가나안의 땅'에 도착하지 못한 형제들"이라면서 "나는 문학이라는
평화적인 방법으로 그 현장에 있는 사람들에게 손을 내밀고 니 자
신도 한걸음 다가가고 싶다"고 밝혔다. 〈≪경향신문≫ 2003년 8월
22일〉

[한민족 디아스포라 문학에 관심이 있으면 김현택 외, 『재외 한
인작가연구』(서울: 고려대학교한국학연구소, 2001)를 보라.] 이처럼
'디아스포라'가 매우 중요한 개념으로 떠오른 상황에서 우리는 기독
교적 관점에서 한민족 디아스포라 이야기를 하려는 것인데, 여기서
는 예언서에 나타나는 디아스포라에 관해 살펴보고자 한다. 먼저
에스겔서 본문을 읽어보자.

7 그러므로 목자들아 여호와의 말씀을 들을지어다 8 주 여호와
의 말씀에 내가 나의 삶을 두고 맹세하노라 내 양의 무리가 노략
거리가 되고 모든 들짐승의 밥이 된 것은 목자가 없음이라 내 목
자들이 양을 찾지 아니하고 자기만 먹이고 내 양의 무리를 먹이지
아니 하였도다 9 그러므로 너희 목자들아 여호와의 말씀을 들을지
어다 10 주 여호와의 말씀에 내가 목자들을 대적하여 내 양의 무
리를 그들의 손에서 찾으리니 목자들이 양을 먹이지 못할 뿐 아니
라 그들이 다시는 자기를 먹이지 못할지라 내가 내 양을 그들의
입에서 건져내어서 다시는 그 식물이 되지 않게 하리라 11 나 주
여호와가 말하노라 나 곧 내가 내 양을 찾고 찾되 12 목자가 양
가운데 있는 날에 양이 흩어졌으면 그 떼를 찾는 것같이 내가 내
양을 찾아서 흐리고 캄캄한 날에 그 흩어진 모든 곳에서 그것들을
건져낼지라 <u>13 내가 그것들을 만민 중에서 끌어내며 열방 중에서
모아 그 본토로 데리고 가서 이스라엘 산 위에와 시냇가에와 그
땅 모든 거주지에서 먹이되</u> 14 좋은 꼴로 먹이고 그 우리를 이스
라엘 높은 산 위에 두리니 그것들이 거기서 좋은 우리에 누워 있
으며 이스라엘 산 위에서 살진 꼴을 먹으리라 15 나 주 여호와가
말하노라 내가 친히 내 양의 목자가 되어 그것들로 누워 있게 할
지라 16 그 잃어버린 자를 내가 찾으며 쫓긴 자를 내가 돌아오게
하며 상한 자를 내가 싸매어 주며 병든 자를 내가 강하게 하려니
와 살진 자와 강한 자는 내가 멸하고 공의대로 그것들을 먹이리라
(에스겔 34장 7~16절)

본문은 '새로운 엑소더스(New Exodus)'를 이야기한다. 이스라엘
역사는 두 번의 커다란 엑소더스를 중심으로 엮어진다. 첫 번째 엑
소더스는 출(出)애굽이고, 두 번째 엑소더스, 즉 새로운 엑소더스는
출(出)바벨론이다. 물론 엄밀하게 말하면, 이스라엘의 엑소더스는
출애굽과 출바벨론만 있는 것이 아니다. 주전 538년경의 '출바벨론'
이전에 앗수르에 끌려간 북왕국 사람들이 앗수르 멸망으로 인해 그

곳에서 빠져나와 고국으로 돌아가는 '출(出)앗수르' 사건(주전 609년경)도 있었다. 그리고 이스라엘 백성들은 애굽과 앗수르, 그리고 바벨론 이외에도 세계 곳곳에 흩어져 살았기 때문에 여러 곳에서 이스라엘 사람들은 엑소더스했다.

그런데 새로운 엑소더스를 꿈꾸는 디아스포라들이 모델로 삼은 것은 바로 '출애굽'이었다. 그들은 이스라엘 역사상 두 번째 엑소더스인 출바벨론을 출애굽에 견주었다.

> 그의 남아 있는 백성을 위하여 앗수르에서부터 돌아오는 대로가
> 있게 하시되 <u>이스라엘이 애굽 땅에서 나오던 날과 같게</u> 하시리라
> (이사야 11장 16절)

> 9 여호와의 팔이여 깨소서 깨소서 능력을 베푸소서 <u>옛날 옛 시
> 대에 깨신 것같이 하소서 라합을 저미시고 용을 찌르신 이가 어찌
> 주가 아니시며 10 바다를, 넓고 깊은 물을 말리시고 바다 깊은 곳
> 에 길을 내어 구속 얻은 자들로 건너게 하신 이가 어찌 주가 아니
> 시니이까</u> 11 여호와께 구속된 자들이 돌아와서 노래하며 시온으로
> 들어와서 그 머리 위에 영영한 기쁨을 쓰고 즐거움과 기쁨을 얻으
> 리니 슬픔과 탄식이 달아나리이다(이사야 51장 9~11절)

> 5 나 여호와가 말하노라 보라 때가 이르리니 내가 다윗에게 한
> 의로운 가지를 일으킬 것이라 그가 왕이 되어 지혜롭게 행사하며
> 세상에서 공평과 정의를 행할 것이며 6 그의 날에 유다는 구원을
> 얻겠고 이스라엘은 평안히 거할 것이며 그 이름은 여호와 우리의
> 의라 일컬음을 받으리라 7 그러므로 나 여호와가 말하노라 보라
> 날이 이르리니 <u>그들이 다시는 이스라엘 자손을 애굽 땅에서 인도
> 하여 내신 여호와의 사심으로 맹세하지 아니하고 8 이스라엘 집
> 자손을 북방 땅 그 모든 쫓겨났던 나라에서 인도하여 내신 여호와</u>

<u>의 사심으로 맹세할 것이며</u> 그들이 자기 땅에 거하리라 하시니라
(예레미야 23장 5~8절, 예레미야 16장 14~15절)

예언서는 이처럼 출애굽을 모델로 삼는, 그리고 출애굽을 넘어서
는 새로운 엑소더스를 꿈꾼다. 앞에서 말한 대로 우리가 읽은 에스
겔서 34장 7~16절도 새로운 엑소더스를 이야기한다. 하나님은 흩
어진 이스라엘 백성들을 다시 불러 모으겠다고 말씀하신다. 하나님
은 백성들이 세계에 흩어졌음에도 불구하고 백성들을 돌보아야 할
책임을 맡은 지도자들이 그들에게 관심을 보이지 않는 것을 책망한
다. 그리고 하나님은 자신이 친히 흩어진 자들의 목자가 되어서 이
스라엘 백성들을 돌보실 것임을 천명하신다. 이스라엘 백성들이 흩
어져 사는 곳에서 그들을 이끌어내고 모아서 본토로 데리고 가시겠
다고 말한다. 하나님은 흩어진 자들, 즉 디아스포라들에게 깊은 관
심을 가지신다. 하나님은 잃어버린 자들, 쫓긴 자들, 상하고 병든
자들에게 관심을 가진다.

이처럼 엑소더스는 언제나 디아스포라를 전제하는데, 이스라엘에
서 디아스포라가 왜 발생한 것일까? 예언서는 이스라엘이 심각한
어려움에 처했을 때를 배경으로 한다. 주전 722년경 북왕국 이스라
엘 멸망을 전후해서 많은 예언자들이 나타났고, 또 주전 587년경
남왕국 유다 멸망을 전후해서 더 많은 예언자들이 나타났다. 그래
서 구약성서 네 번째 묶음인 예언서는 북왕국과 남왕국의 멸망을
배경으로 삼는다. 예언자들은 앗수르나 바벨론이 침공해서 이스라
엘 백성들이 세계 각처로 흩어질 것을 예전부터 예고했다.

1 여호와께서 내게 이르시되 모세와 사무엘이 내 앞에 섰다 할
지라도 내 마음은 이 백성을 향할 수 없나니 그들을 내 앞에서 쫓

아 내치라 2 그들이 만일 네게 말하기를 우리가 어디로 나아가리요 하거든 너는 그들에게 이르기를 여호와의 말씀에 사망할 자는 사망으로 나아가고 칼을 받을 자는 칼로 나아가고 기근을 당할 자는 기근으로 나아가고 포로 될 자는 포로 됨으로 나아갈지니라 하셨다 하라 3 나 여호와가 말하노라 내가 그들을 네 가지로 벌하리니 곧 죽이는 칼과 찢는 개와 삼켜 멸하는 공중의 새와 땅의 짐승으로 할 것이며 4 유다 왕 히스기야의 아들 므낫세가 예루살렘에 행한 바를 인하여 <u>내가 그들을 세계 열방 중에 흩으리라</u>(예레미야 15장 1~4절)

예언자들은 강대국이 침략해서 수많은 사람들이 죽임을 당하고 굶어 죽고 포로로 잡혀갈 것을 예고했다. 이런 국가적 재난에 대한 예언자들의 예고는 "내가 그들을 세계 열방 중에 흩으리라"는 하나님 말씀으로 요약된다. 그런데 이스라엘 예언자들은 이런 흩어짐을 그들이 지은 죄악들에 대해서 하나님이 내리시는 심판으로 이해했다.

1 여호와께서 이같이 말씀하시되 너는 유다 왕의 집에 내려가서 거기서 이를 선언하여 2 이르기를 다윗의 위에 앉은 유다 왕이여 너와 네 신하와 이 문들로 들어오는 네 백성은 여호와의 말씀을 들을지니라 3 여호와께서 이같이 말씀하시되 너희가 공평과 정의를 행하여 탈취당한 자를 압박하는 자의 손에서 건지고 이방인과 고아와 과부를 압박하거나 학대하지 말며 이곳에서 무죄한 피를 흘리지 말라 4 너희가 참으로 이 말을 준행하면 다윗의 위에 앉을 왕들과 신하들과 백성이 병거와 말을 타고 이 집 문으로 들어오게 되리라 마는 5 너희가 이 말을 듣지 아니하면 내가 나로 맹세하노니 이 집이 황무하리라 나 여호와의 말이니라(예레미야 22장 1~5절)

하나님은 이스라엘 백성들이 하나님 말씀대로 사회적인 공의와 정의를 실천하도록 요구했다. 하나님은 이스라엘 백성이 하나님 말씀대로 살면 평화를 누리겠지만 그렇지 않으면 강대국들의 침략을 받을 것임을 예고하셨다. 그런데 이스라엘 예언자들은 국가적 재난들을 하나님이 내리시는 심판으로 이해했지만 이것은 그들의 주관적인 평가이고 실제적으로는 당시의 국제정치적인 상황에서 이스라엘의 국가적 재난을 이해할 필요가 있다. 이스라엘 주변에는 강대국들이 여럿 있었다. 특히 메소포타미아 지역에는 앗수르 민족과 바벨론 민족이 교대로 강대국을 형성했고, 서남향에는 이집트가 버티고 있었다. 이 두 지역은 세계 4대 문명 발상지들에 속한다. 이스라엘이 있던 옛 팔레스타인 지역은 그들 사이에 있었다. 지금도 그렇겠지만 당시에도 지중해 지역을 누가 장악하느냐가 관건이었기 때문에 팔레스타인은 요충지이면서 동시에 격전지가 될 수밖에 없었다. 그리고 팔레스타인에서는 주변 강대국에 필적할 만한 강국을 건설할 수가 없었다. 지리적으로도 그렇고 여러 가지 면에서 그것은 불가능한 일이었다. 팔레스타인에 있는 국가들이 약소국들이었기 때문에 국가적으로 아무리 잘하려고 해도 국제정세가 변하면 거기에 휩쓸릴 수밖에 없었다. 그렇기 때문에 "주변 여건이 아무리 어렵더라도 이스라엘 백성들이 하나님을 바르게 섬기고 살았으면 그 어려움들을 다 이겨냈을 것이다"라고 말하는 것은 이러한 현실을 고려치 않는 매우 단순한 발상이다.

1. 앗수르 침공과 디아스포라, 그리고 출앗수르

주전 722년경에 앗수르(신앗시리아 제국)가 북왕국을 멸망시키면

서 북왕국 사람들 가운데 앗수르로 끌려간 사람들과 다른 지역들로
피난 간 사람들이 생겨났다.

> 16 이제 너는 여호와의 말씀을 들을지니라 네가 이르기를 이스
> 라엘에 대하여 예언하지 말며 이삭의 집을 향하여 경계하지 말라
> 하므로 17 여호와께서 말씀하시기를 네 아내는 성읍 중에서 창기
> 가 될 것이요 네 자녀들은 칼에 엎드러지며 네 땅은 줄띄워 나누
> 일 것이며 너는 더러운 땅에서 죽을 것이요 <u>이스라엘은 정녕 사로
> 잡혀 그 본토에서 떠나리라</u> 하셨느니라(아모스 7장 16~17절)

이처럼 예언자들은 나라에 닥칠 위기상황에 대해서 계속 경고했
다. 앞으로 어떤 어려운 일을 겪게 될 것인지를 누차 선포했다. 이
것은 그만큼 이스라엘이 어려운 처지에 있었음을 의미한다. 강대국
들의 정복 야욕에 의해서 세계는 항상 전쟁에 휩쓸렸고, 그들을 막
아낼 힘이 없는 약소국들은 고통을 당해야 했다. 침략자들은 약소
국들에 쳐들어가서 무자비하게 살육하고 약탈했다. 그리고 많은 사
람들을 포로로 끌고 갔다. 앗수르가 북왕국을 멸망시킬 때도 마찬
가지였다. 많은 사람들이 죽고 다쳤으며, 앗수르에 포로로 끌려갔다.
고대 이스라엘 사람들은 이런 아픔을 겪었다. 비록 예언자들이 그
런 일들을 자신들이 저지른 죄에 대한 하나님의 심판이라고 신앙고
백적으로 말한다 해도 우리는 그들이 당하는 비극적인 일들을 당연
한 것으로 받아들여서는 안 된다. 그것은 탐욕스럽고 잔인한 자들
에 의해서 발생하는 비극이기 때문이다. 그렇기에 하나님은 앗수르
에 강제이주당한 북왕국 사람들을 잊지 않으셨다.

> 8 에브라임이여 내가 어찌 너를 놓겠느냐 이스라엘이여 내가 어
> 찌 너를 버리겠느냐 내가 어찌 아드마같이 놓겠느냐 어찌 너를 스

보임같이 두겠느냐 내 마음이 내 속에서 돌아서 나의 긍휼이 온전
히 불붙듯 하도다 9 내가 나의 맹렬한 진노를 발하지 아니하며 내
가 다시는 에브라임을 멸하지 아니하리니 이는 내가 사람이 아니
요 하나님임이라 나는 네 가운데 거하는 거룩한 자니 진노함으로
네게 임하지 아니 하리라 10 저희가 사자처럼 소리를 발하시는 여
호와를 좇을 것이라 여호와께서 소리를 발하시면 자손들이 서편에
서부터 떨며 오되 11 저희가 애굽에서부터 새같이 앗수르에서부터
비둘기같이 떨며 오리니 내가 저희로 각 집에 머물게 하리라 나
여호와의 말이니라(호세아 11장 8~11절)

　이처럼 하나님은 국가적 재난으로 인해서 이방에 끌려간 이스라
엘 사람들을 잊지 않으셨다. 비록 이스라엘 사람들이 예언자들 보기
에 하나님 뜻대로 살지 못했고, 경제적으로나 군사적으로 연약하고
또 급변하는 국제정세를 제대로 읽어내지 못하고 제대로 대처하지
못해서 나라가 침략당하고 멸망당하는 지경까지 갔지만 하나님은 그
런 이스라엘을 불쌍히 여기시고, 특히 먼 이국에 포로로 끌려간 사
람들을 다시 돌아오게 하는 데 관심을 갖는다. 하나님은 애굽과 앗
수르에 흩어져 살던 이스라엘 사람들을 돌아오게 해서 이스라엘 땅
에서 다시 살게 해 주시겠다고 약속하신다. 하나님은 이처럼 디아스
포라들에게 관심을 갖는다. 하나님이 말씀하신 대로 앗수르에 끌려
간 사람들은 주전 612년경에 바벨론 연합군이 앗수르의 수도인 니느
웨를 함락하고 주전 609년에 앗수르를 완전 장악할 때 고국으로 돌
아온다(그러나 앗수르에 있던 모든 이스라엘 사람들이 다 돌아온 것
은 아니었다. 그들이 앗수르에서 어떻게 살았는지에 대해서는 구약
성서가 별 관심을 보이지 않기에 아쉽지만 알 길이 없다).

2. 바벨론 침공과 디아스포라, 그리고 출바벨론

주전 587년경에 바벨론(신바벨로니아 제국)이 남왕국을 멸망시키면서 역시 남왕국 사람들 가운데 바벨론으로 끌려간 사람들(최소 4600명)과 다른 지역들로 피난 간 사람들이 생겨났다. 그들은 자신들이 '이방'으로 지칭하는 곳에서 살아야 했다. 이방에서의 삶은 그들에게 여러 가지 영향을 미쳤다. 가장 큰 문제는 그들이 과연 그곳에서 언제까지 어떻게 살아야 하는가였다. 예레미야는 바벨론으로 끌려간 사람들에게 그곳에서 앞으로 70년(정확한 기간이라기보다는 상징적인 의미가 더 강하다) 동안 바벨론에서 살아야 하기 때문에 그곳에 정착하도록 권고하는 편지를 보낸다. 이것은 당시 바벨론에 끌려간 사람들이 그 문제에 관해서 확실한 입장을 정리하지 못했음을 보여준다.

그리고 예레미야가 이 편지를 보낸 것을 유다 관리들이 밝혀내서 문제를 삼는데, 그들은 앞으로 2년만 지나면 바벨론에 끌려간 사람들이 돌아올 것이라고 장담한다.

1 이 해 유다 왕 시드기야의 즉위한 지 오래지 않은 해 곧 사년 오월에 기브온 앗술의 아들 지자 하나냐가 여호와의 집에서 제사장들과 모든 백성 앞에서 내게 말하여 가로되 2 만군의 여호와 이스라엘의 하나님이 이같이 말씀하여 가라사대 내가 바벨론 왕의 멍에를 꺾었느니라 3 <u>내가 바벨론 왕 느부갓네살의 이곳에서 바벨론으로 옮겨간 여호와의 집 모든 기구를 두 해가 차기 전에 다시 이곳으로 가져오게 하겠고 4 내가 또 유다 왕 여호야김의 아들 여고니야와 바벨론으로 간 유다 모든 포로를 다시 이곳으로 돌아오게 하리니</u> 이는 내가 바벨론 왕의 멍에를 꺾을 것임이니라 여호와의 말이니라 하셨다 하는지라(예레미야 28장 1~4절)

우리는 하나냐가 예레미야와는 질적으로 다른 거짓예언자라는 사실을 안다. 그런데 중요한 것은 하나냐도 바벨론에 포로로 끌려간 유다인들이 다시 돌아올 것에 관심을 갖고 있다는 것이다. 이것은 예레미야도 마찬가지다.

1 선지자 예레미야가 예루살렘에서 이 같은 편지를 느부갓네살이 예루살렘에서 바벨론으로 옮겨간 포로 중 남아 있는 장로들과 제사장들과 선지자들과 모든 백성에게 보내었는데 2 때는 여고니야 왕과 국모와 환관들과 및 유다와 예루살렘 방백들과 목공들과 철공들이 예루살렘에서 떠난 후라 3 유다 왕 시드기야가 바벨론으로 보내어 바벨론 왕 느부갓네살에게로 가게 한 사반의 아들 엘라사와 힐기야의 아들 그마랴의 손에 위탁하였더라 일렀으되 4 만군의 여호와 이스라엘의 하나님 내가 예루살렘에서 바벨론으로 사로잡혀 가게 한 모든 포로에게 이같이 이르노라 5 너희는 집을 짓고 거기 거하며 전원을 만들고 그 열매를 먹으라 6 아내를 취하여 자녀를 생산하며 너희 아들로 아내를 취하며 너희 딸로 남편을 맞아 그들로 자녀를 생산케 하여 너희로 거기서 번성하고 쇠잔하지 않게 하라 7 너희는 내가 사로잡혀 가게 한 그 성읍의 평안하기를 힘쓰고 위하여 여호와께 기도하라 8 만군의 여호와 이스라엘의 하나님이 이같이 말하노라 너희 중 선지자들에게와 복술에게 혹하지 말며 너희가 꾼바 꿈도 신청하지 말라 9 내가 그들을 보내지 아니하였어도 그들이 내 이름으로 거짓을 예언함이니라 여호와의 말이니라 <u>10 나 여호와가 이같이 말하노라 바벨론에서 칠십 년이 차면 내가 너희를 권고하고 나의 선한 말을 너희에게 실행하여 너희를 이곳으로 돌아오게 하리라</u> 11 나 여호와가 말하노라 너희를 향한 나의 생각은 내가 아나니 재앙이 아니라 곧 평안이요 너희 장래에 소망을 주려 하는 생각이라 12 너희는 내게 부르짖으며 와서 내게 기도하면 내가 너희를 들을 것이요 13 너희가 전심으로 나를 찾고 찾으면 나를 만나리라 <u>14 나 여호와가 말하노라 내가 너희에게 만나지겠고 너희를</u>

포로 된 중에서 다시 돌아오게 하되 내가 쫓아 보내었던 열방과 모
든 곳에서 모아 사로잡혀 떠나게 하던 본 곳으로 돌아오게 하리라
여호와의 말이니라 하셨느니라(예레미야 29장 1~14절)

예레미야가 바벨론 포로들에게 보낸 편지는 15절 이후로 계속 이
어지는데, 우리는 이 편지를 읽으면서 예레미야가 바벨론 포로들에
게 깊은 관심을 갖고 있었음을 알 수 있다. 하나냐와 예레미야의
논쟁을 통해서 우리는 이러한 사실을 확인할 수 있다. 예레미야가
하는 말을 두 가지로 요약할 수 있다. 첫째는 바벨론에 끌려간 사
람들이 분명히 돌아올 것인데, 하나냐가 한 말과는 다르게 2년 후
에 돌아온다는 것은 불가능한 일이고 70여 년이 지나야 돌아온다는
것이다. 이처럼 돌아옴은 분명한 사실로 선포된다. 언제 돌아오느냐
에 대한 것이 다를 뿐 하나님이 이스라엘 백성들을 다시 돌아가게
하신다는 것은 명확한 사실이다. 그리고 둘째는 포로로 끌려가서
사는 그곳에서 평화롭게 살라는 당부이다.
　그리고 예레미야 31 - 33장에 이스라엘의 회복에 대한 이야기가
가장 명확하게 나온다. 그중 한 본문을 읽어보자.

　7 나 여호와가 이같이 말하노라 너희는 야곱을 위하여 기뻐 노
래하며 만국의 머리 된 자를 위하여 외쳐 전파하며 찬양하며 이르
기를 여호와여 주의 백성 이스라엘의 남은 자를 구원하소서 하라
8 보라 내가 그들을 북편 땅에서 인도하며 땅 끝에서부터 모으리
니 그들 중에는 소경과 절뚝발이와 잉태한 여인과 해산하는 여인
이 함께하여 큰 무리를 이루어 이곳으로 돌아오되 9 울며 올 것이
며 그들이 나의 인도함을 입고 간구할 때에 내가 그들로 넘어지지
아니하고 하숫가의 바른 길로 행하게 하리라 나는 이스라엘의 아
비요 에브라임은 나의 장자니라 10 열방이여 너희는 나 여호와의

말을 듣고 먼 섬에 전파하여 이르기를 이스라엘을 흩으신 자가 그를 모으시고 목자가 그 양무리에게 행함같이 그를 지키시리로다 11 여호와께서 야곱을 속량하시되 그들보다 강한 자의 손에서 구속 하셨으니 12 그들이 와서 시온의 높은 곳에서 찬송하며 여호와의 은사 곧 곡식과 새 포도주와 기름과 어린 양의 떼와 소의 떼에 모일 것이라 그 심령은 물댄 동산 같겠고 다시는 근심이 없으리로다 할지어다 13 그때에 처녀는 춤추며 즐거워하겠고 청년과 노인이 함께 즐거워하리니 내가 그들의 슬픔을 돌이켜 즐겁게 하며 그들을 위로하여 근심한 후에 기쁨을 얻게 할 것임이니라 14 내가 기름으로 제사장들의 심령에 흡족케 하며 내 은혜로 내 백성에게 만족케 하리라 여호와의 말이니라(예레미야 31장 7~14절)

하나님은 흩어진 이스라엘 백성들을 다시 모으시겠다고 약속하신다. 이처럼 이스라엘 백성들이 다시 돌아올 것을 의심하는 사람들은 별로 없었다. 사람들은 '그날'을 기다리면서 살았다.

1 그날 곧 내가 유다와 예루살렘의 사로잡힌 자를 돌아오게 할 그때에 2 내가 만국을 모아 데리고 여호사밧 골짜기에 내려가서 내 백성 곧 내 기업된 이스라엘을 위하여 거기서 그들을 국문하리니 이는 그들이 이스라엘을 열국 중에 흩고 나의 땅을 나누었음이며 3 또 제비 뽑아 내 백성을 취하고 동남으로 기생을 바꾸며 마셨음이니라(요엘 3장 1-3절)

요엘이 기다리던 날도 바로 남왕국 사람들이 다시 돌아오는 날이다. 예언서를 읽으면, 독자들은 세계로 흩어진 사람들에게 관심을 갖는 하나님을 알고, 또 그것을 선포하는 예언자들을 만나면서 우리도 그들에게 관심을 기울이도록 촉구받는다. 우리는 예언서를 읽으면서 세계로 흩어진 사람들에게 관심을 갖는다.

6 여호와께서 말씀하시되 <u>그날에는 내가 저는 자를 모으며 쫓겨</u>
<u>난 자와 내가 환난받게 한 자를 모아 7 그 저는 자로 남은 백성이</u>
<u>되게 하며 멀리 쫓겨났던 자로 강한 나라가 되게 하고 나 여호와</u>
가 시온산에서 이제부터 영원까지 그들을 치리하리라 하셨나니 8
너 양떼의 망대요 딸 시온의 산이어 이선 권능 곧 딸 예루살렘의
나라가 네게로 돌아오리라(미가 4장 6~8절)

'진멸'이라는 단어를 여러 번 반복하면서 매우 섬뜩한 심판선포로
시작한 스바냐서도 이스라엘의 귀환과 회복에 대한 말씀으로 끝난다.

18 내가 대회로 인하여 근심하는 자를 모으리니 그들은 네게 속
한 자라 너의 치욕이 그들에게 무거운 짐이 되었느니라 19 그때에
내가 너를 괴롭게 하는 자를 다 벌하고 저는 자를 구원하며 쫓겨
난 자를 모으며 온 세상에서 수욕받는 자로 칭찬과 명성을 얻게
하리라 <u>20 내가 그때에 너희를 이끌고 그때에 너희를 모을지라 내</u>
<u>가 너희 목전에서 너희 사로잡힘을 돌이킬 때에 너희로 천하 만민</u>
중에서 명성과 칭찬을 얻게 하리라 나 여호와의 말이니라(스바냐
3장 18~20절)

이처럼 예언자들은 흩어진 사람들, 즉 디아스포라들에게 관심을
갖고 있었다. 그들이 꿈꾸던 대로 바벨론에 끌려간 사람들은 고레
스가 바벨론 제국을 장악하고 고레스 칙령을 발표하는 주전 538년
경에 유다로 돌아온다. 그리고 그 이후로 몇 차례 더 귀환한다(그
러나 바벨론과 기타 지역에 흩어져 살던 유다인들이 모두 돌아온
것은 아니다. 여전히 이방에 남아 있는 사람들이 많았는데, 그들이
어떻게 살았는지에 관해서는 구약성서가 별 관심을 보이지 않아서
아쉬움이 크다).

예레미야와 에스겔-디아스포라 예언자

많은 예언자들이 디아스포라들에게 관심을 갖고 그들이 엑소더스 할 것을 말했지만, 그들 가운데 가장 탁월한 예언자는 예레미야와 에스겔이다. 그들은 디아스포라를 위한 말씀을 선포했을 뿐만 아니라 그들 자신이 디아스포라였고, 디아스포라들과 함께 생활했다.

예레미야: 억지로 애굽까지 갈 수밖에 없었던 예레미야는 사람들이 순수한 야훼 신앙에서 벗어나서 혼합종교적인 양상을 띠자 그들을 책망했고, 결국 그들에 의해서 죽임을 당한 것으로 전해진다. 이런 측면에서 예레미야는 그 자신이 디아스포라였고, 또 동포 디아스포라들을 위한 예언자라고 할 수 있을 것이다. 특히 예레미야 43~44장은 예레미야가 디아스포라들을 위한 예언자였음을 명확하게 보여준다. 예레미야는 유다 사람들이 애굽에 내려가는 것을 강력하게 반대했으며, 또 유다 사람들이 애굽에 내려가서도 하나님을 온전한 마음으로 섬기지 않는 것을 보고 그들에게 임할 하나님의 심판을 선포했다.

에스겔: 바벨론에 끌려간 사람들을 위해서 부름받은 예언자는 에스겔이다. 에스겔은 바벨론에 강제이주당한 사람들 가운데 한 명이었다. 그는 주전 593년경, 즉 예루살렘이 1차 함락될 때 포로로 끌려가서 5년째 되던 해에 그발 강 가에서 하나님께 부름을 받았다. 에스겔은 철저히 바벨론에 강제이주당한 유다인들을 위한 예언자였다. 물론 에스겔이 주전 587년까지 존재한 고국 유다를 생각하지 않은 것은 아니지만, 그는 바벨론 유다인들을 위한 예언자로 부름받았다.

1 제 삼십년 사월 오일에 내가 그발 강 가 사로잡힌 자 중에 있더니 하늘이 열리며 하나님의 이상을 내게 보이시니 2 여호야긴 왕의 사로잡힌 지 오년 그달 오일이라 3 갈대아 땅 그발 강 가에서 여호와의 말씀이 부시의 아들 제사장 나 에스겔에게 특별히 임하고 여호와의 권능이 내 위에 있으니라(에스겔 1장 1~3절)

이처럼 그 자신이 강제이주자였기 때문에 그로부터 형성되기 시작한 에스겔서는 바로 유다 디아스포라 문학이라고 할 수 있을 것이다. 에스겔은 디아스포라들을 위해서 일했고, 그리고 디아스포라들이 자신들의 정체성을 잃지 않고 엑소더스를 기다리면서 살게 했다. 에스겔은 하나님이 이스라엘 백성들을 반드시 귀환시키실 것을 믿었고, 그래서 귀환 이후에 세울 새로운 이스라엘, 새로운 예루살렘에 대한 청사진을 준비한다. 그것이 에스겔서 40~48장에 나온다. 그는 디아스포라들에게 그들이 바로 새 이스라엘 건설의 주역임을 역설하고, 새 이스라엘 건설을 준비하게 한다.

에스겔은 디아스포라 교육에도 힘쓴다. 그들이 이방에 살면서도 자신들의 정체성을 잃지 않고, 특히 엑소더스의 희망을 버리지 않도록 교육했다. 당시 바벨론에 살던 유다인들은 자괴감에 사로잡혀 있었다. 그들은 바벨론까지 1300여 킬로미터를 끌려가고, 광대한 바벨론 제국을 직접 체험하면서 자신들이 얼마나 연약한지 깨달았을 것이다. 그들은 이 엄청난 바벨론 제국에서 결코 벗어나지 못할 것이라는 비관적인 생각을 가졌다. 바벨론에서 벗어나 다시 국가를 건설한다는 것은 꿈도 꾸지 못할 일이었다. 최소한 나라가 무참히 멸망당하고 그들이 넉 달가량 걸어서 바벨론 황무지에 도착했을 때는 그런 마음이었다.

그들이 보기에 바벨론은 유다인들의 무덤과도 같았다. 바벨론에 끌려온 그들은 죽은 지 오래되어서 이제 하얀 뼈만 남은 것과 같았다. 그들이 재기할 수 있는 가능성은 전무했다. 이런 비관적인 숙명론에 빠진 사람들을 일으켜 세워서 새 이스라엘 건설의 희망을 갖게 한다는 것은 거의 불가능한 일이었을 것이다.

그런데 에스겔은 그들을 교육했다. 그들에게 새 이스라엘 건설의 비전을 보여주었다. 물론 그 비전은 하나님이 에스겔에게 보여주신 것이다. "아비가 포도를 먹으면 자식의 이가 시다"는 속담을 폐기하고 새 시대가 도래할 것이며 우리는 새 공동체가 될 수 있다는 것을 강조했다. 많은 사람들이 에스겔이 말하는 것을 무시하기도 했지만, 그러나 에스겔은 쉬지 않고 그들을 교육했다. 에스겔은 그들에게 새 이스라엘 건설의 청사진을 보여주었다. 그러면서 그들로 하여금 그 숙명론적인 생각에서 벗어나게 했다. 만약 에스겔이 없었다면 바벨론 유다인 공동체는 지탱할 수 없었을 것이고, 출바벨론을 해서 새 이스라엘을 건설하려는 꿈도 꾸지 못했을 것이다.

돌아옴 그 이후-디아스포라들이 꿈꾸는 세상

디아스포라로 살던 이스라엘 백성들은 그들이 다시 고토에 돌아온 이후를 꿈꾸며 살았다. 디아스포라는 국가적 재난으로 인해 발생한 일인데, 그들은 그것을 넘어서는 돌아옴을 꿈꾸었다. 그 돌아옴은 바로 이스라엘이 원하는 유토피아로의 돌아옴이었다. 먼저 이스라엘 사람들은 폐허가 된 황량한 예루살렘에 사람들이 가득차는 것을 꿈꾸었다.

3 나 여호와가 말하노라 내가 시온에 돌아왔은즉 예루살렘 가운데 거하리니 예루살렘은 진리의 성읍이라 일컫겠고 만군의 여호와의 산은 성산이라 일컫게 되리라 4 만군의 여호와가 말하노라 예루살렘 길거리에 늙은 지아비와 늙은 지어미가 다시 앉을 것이라 다 나이 많으므로 각기 손에 지팡이를 잡을 깃이요 5 그 성읍 거리에 동남과 동녀가 가득하여 거기서 장난하리라 6 만군의 여호와가 말하노라 이 일이 그날에 남은 백성의 눈에는 기이하려니와 내 눈에 어찌 기이하겠느냐 만군의 여호와의 말이니라 7 만군의 여호와가 말하노라 내가 내 백성을 동방에서부터, 서방에서부터 구원하여 내고 8 인도하여다가 예루살렘 가운데 거하게 하리니 그들은 내 백성이 되고 나는 성실과 정의로 그들의 하나님이 되리라(스가랴 8장 3~8절)

적막하던 예루살렘에 사람들이 많아지는 것은 하나님이 그들을 용서하시고 회복시키시는 중요한 징표 가운데 하나였다. 그리고 이스라엘 사람들은 예루살렘에 돌아가서 하나님께 제사드리고 하나님이 그 제사를 받으시는 것을 용서와 회복의 중요한 징표로 여겼다.

40 나 주 여호와가 말하노라 이스라엘 온 족속이 그 땅에 있어서 내 거룩한 산 곧 이스라엘의 높은 산에서 다 나를 섬기리니 거기서 내가 그들을 기쁘게 받을지라 거기서 너희 예물과 너희 천신하는 첫 열매와 너희 모든 성물을 요구하리라 41 내가 너희를 인도하여 열국 중에서 나오게 하고 너희의 흩어진 열방 중에서 모아낼 때에 내가 너희를 향기로 받고 내가 또 너희로 말미암아 내 거룩함을 열국의 목전에서 나타낼 것이며 42 내가 너희 열조에게 주기로 맹세한 땅 곧 이스라엘 땅으로 너희를 인도하여 들일 때에 너희가 나를 여호와인 줄 알고 43 거기서 너희의 길과 스스로 더럽힌 모든 행위를 기억하고 이미 행한 모든 악을 인하여 스스로 미워하리라 44 이스라엘 족속아 내가 너희의 악한 길과 더러운 행

위대로 하지 아니하고 내 이름을 위하여 행한 후에야 너희가 나를
여호와인 줄 알리라 나 주 여호와의 말이니라 하셨다 하라(에스겔
20장 40~44절)

그들은 하나님이 말씀하신 대로 하나님께 제사드리지 않았기 때
문에 하나님이 진노해서 그들을 멸망시키시고 이방에 흩으셨다고 믿
었다. 그렇기에 그들은 엑소더스한 이후에는 오직 하나님을 바르게
섬기며 살기를 소망했다. 이런 것이 바로 '여호와를 아는 삶'이다.

지금까지 우리는 예언서에 나타난 디아스포라에 관해서 여러 가
지를 생각했는데, 이제 이사야서 11장 11~16절을 살피면서 이야기
를 마무리하기로 하자.

11 그 날에 주께서 다시 손을 펴사 그 남은 백성을 앗수르와 애
굽과 바드로스와 구스와 엘람과 시날과 하맛과 바다 섬들에서 돌
아오게 하실 것이라 12 여호와께서 열방을 향하여 기호를 세우시
고 이스라엘의 쫓긴 자를 모으시며 땅 사방에서 유다의 이산한 자
를 모으시리니 13 에브라임의 투기는 없어지고 유다를 괴롭게 하
던 자는 끊어지며 에브라임은 유다를 투기하지 아니하며 유다는
에브라임을 괴롭게 하지 아니할 것이요 14 그들이 서로 블레셋
사람의 어깨에 날아 앉고 함께 동방 백성을 노략하며 에돔과 모압
에 손을 대며 암몬 자손을 자기에게 복종 시키시리라 15 여호와께
서 애굽 해고를 말리우시고 손을 유브라데 하수 위에 흔들어 뜨거
운 바람을 일으켜서 그 하수를 쳐서 일곱 갈래로 나눠 신 신고 건
너가게 하실 것이라 16 그의 남아 있는 백성을 위하여 앗수르에서
부터 돌아오는 대로가 있게 하시되 이스라엘이 애굽 땅에서 나오
던 날과 같게 하시리라(이사야 11장 11~16절)

하나님은 북왕국 멸망으로 인해 세계 각처로 흩어진 이스라엘 사람들을 다시 불러 모으고, 그리고 남왕국 멸망으로 인해서 세계 각처로 흩어진 유다 사람들을 다시 불러 모으겠다고 말씀하신다. 본문에 나오는 지명들 가운데 앗수르와 애굽은 우리에게 익숙하지만 나머지는 조금 낯설 것이다. 바드로스는 상애굽 지역이고, 구스는 이디오피아다. 그리고 엘람은 바벨론 동쪽에 있는 국가이고, 시날과 하맛은 시리아 북부지역에 있고, 바다 섬들은 지중해 지역을 가리킨다. 이것을 보면, 남왕국과 북왕국을 포함해서 많은 이스라엘 백성들이 당시 세계 곳곳에 흩어져 살았음을 알 수 있다.

오래전 출애굽 때 홍해를 마른땅처럼 건너게 하신 하나님은 애굽 바다와 유브라데 강을 마르게 해서 이스라엘 백성들로 하여금 그곳을 마른땅처럼 건너게 하실 것이라고 약속하신다. 예전에 '출애굽'이라는 전대미문(前代未聞)의 놀라운 엑소더스 사건을 일으키셨던 하나님이 새로운 엑소더스를 일으키시려 하신다. 그래서 하나님은 이렇게 말씀하신다. "이스라엘이 애굽 땅에서 나오던 날과 같게 하시리라."

하나님은 흩어진 사람들을 다시 불러 모으시고 그들로 하여금 새 이스라엘을 건설하게 하실 것이다. 그런데 앞으로 하나님이 건설하실 새 이스라엘은 더이상 남과 북으로 나뉘지 않고 서로 하나 되어 평화롭게 사는 나라다. 하나님은 새로운 엑소더스를 약속하시면서 앞으로는 에브라임과 유다, 즉 북왕국과 남왕국이 서로 투기하거나 괴롭히지 않을 것이라고 말씀하신다.

이것은 예전에 남왕국과 북왕국이 서로 투기하고 괴롭혔음을 의미한다. 형제 관계인 두 나라가 서로 간에 얼마나 투기하고 괴롭혔으면 하나님이 이런 말씀을 하시겠는가? 원래 한 나라였던 남왕국과 북왕국은 많은 부분에서 동질성을 갖고 있었지만, 그럼에도 불구하고 여러 가지 이유로 인해서 나눠지고 말았다. 이스라엘은 남과 북으로 나뉘면서 예전에 누리던 힘을 상실했고, 결국 크게 발전할 수 있는 기회를 놓치고 말았다. 그들은 때로 서로 협력하기도 했지만 반목하는 경우도 많아서 분열 직후부터 전쟁을 치러야 했다.

한 가지 예를 들면, 앗수르가 세력을 확장할 때 북왕국 이스라엘은 반앗수르 동맹에 가담했다. 그러나 남왕국 유다는 반앗수르 동맹에 가담하지 않았는데, 이를 못마땅하게 여긴 북왕국 이스라엘이 아람(수리아)과 연합해서 남왕국을 공격한다. 이것이 유명한 '시리아(아람) - 에브라임(북왕국 이스라엘) 전쟁'이다(이사야 7장). 이 전쟁으로 인해 남왕국과 북왕국은 모두 심각한 타격을 입었다.

이렇듯 남왕국과 북왕국은 서로 나뉜 이후로 반목하면서 갈등을 빚어왔고 갈등이 깊어져서 모든 것을 파괴하는 전쟁을 벌이기도 했다. 지금까지 이렇게 살아왔기 때문에 이스라엘 사람들이 간절히 원하는 것은 새로운 엑소더스 이후에 남과 북이 서로 화해하고 사울과 다윗, 그리고 솔로몬 시대처럼 다시 한 민족 한 나라로 사는 것이었다.

하나님은 이스라엘 백성들의 이러한 염원이 새로운 엑소더스 이후에 이루어질 것이라고 말씀하신다. 이제 그들은 결코 나눠지 않고 온전히 하나가 될 것이다. 앞으로 그들은 서로 미워하거나 시기하지 않을 것이다. 그들은 신뢰를 회복하고 서로 의지하며 살 것이다. 그래서 성서에 여러 차례 나오는 형제간의 갈등을 극복하고 "형제가 연합하여 동거하는 것이 얼마나 아름다운지" 보여줄 것이다. 하나님은 이것을 약속하신다. 그리고 반드시 그 약속을 이루실 것이다. 이것이 장소적인 이동으로서의 엑소더스를 넘어서는 진정한 엑소더스이다.

제3장 묵시문학에 나타난 반제국주의

– 다니엘서 8장을 중심으로 –

글쓰기와 성령

우리는 다니엘서 8장을 읽으면서 묵시문학에 나타난 반제국주의에 대해 생각해 보려 한다. 우리가 읽을 다니엘서 8장은 전형적인 '묵시(黙示)'이다. 다니엘서 8장을 묵시라고 하는 까닭은 묵시의 요소를 갖추고 있기 때문이다. 묵시를 여러 가지로 정의할 수 있지만 묵시는 무엇보다 문학 장르이다. 묵시가 문학 장르라는 것은 일정한 문학형식을 갖는다는 것이고, 이것은 묵시가 특정한 형태를 갖춘 문학삭업, 즉 특수한 글쓰기 작업임을 뜻한다. 그래서 문학작업으로서 묵시는 그 내용과 형식이 밀접한 관계를 갖는다.

그런데 묵시라는 특정한 문학 장르는 그 문학형식이 먼저 정해진 다음에 그 형식을 따라 글쓰기를 하면서 생겨난 것이 아니다. 오히려 그 반대로 글쓰기 과정에서 형식이 생겨났다. 글쓰기 작업으로서 묵시는 인간들의 구체적인 삶을 그 대상으로 삼는다. 그래서 묵시는 구체적인 삶 가운데서 이뤄지는 '삶쓰기'이다. 그리고 글을 쓴다는 것은 자신이 아는 것을 타인들, 특히 후손들에게 알리려는 공동체적인 의도에서 출발한다. 이렇게 쓰인 글들은 공동체 내에서 그야말로 묵시적인 합의를 이뤄 일정한 양식을 갖추고 '묵시문학(Apocalyptic Literature)'이라는 독특한 문학형태를 만들어냈다. 그들은 자신들의 삶에서 비롯한 숱한 글쓰기 작업을 통해 자연스럽게 이런 독특한 양식을 만들어냄으로써 자신들이 처한 극단적인 상황을 극복했다. 그래서 묵시라는 독특한 문학구조는 바로 삶의 구조인 것이다. 그런데 구체적인 글쓰기 작업을 통해서 묵시라는 문학 장르가 발생하는 삶의 정황이 극단적으로 험악하고 절망적이기 때문에 이런 구조형성의 작업들은 그 절망적인 상황 속에서 하나님이 이뤄주실 나라를 지향하는 소망을 담고 있다.

이제 다니엘서 8장의 구조를 통해서 묵시라는 글쓰기 작업이 만들어내는 독특한 삶의 구조를 살펴보고, 묵시문학에 나타나는 반제국주의에 대해서 이야기해 보자.

서언(수신자 상황)

1 나 다니엘에게 처음에 나타난 이상 후 벨사살 왕 삼년에 다시 이상이 나타나니라
2 내가 이상을 보았는데 내가 그것을 볼 때에 내 몸은 엘람도 수산성에 있었고 내가 이상을 보기는 을래 강변에서니라

I. 환상(상징)

A. 숫양 환상(봄)

a. 외모묘사

3 내가 눈을 들어본즉 강가에 두 뿔 가진 숫양이 섰는데 그 두 뿔이 다 길어도 한 뿔은 다른 뿔보다도 길었고 그 긴 것은 나중에 난 것이더라

b. 행동묘사

4 내가 본즉 그 숫양이 서와 북과 남을 향하여 받으나 그것을 당할 짐승이 하나도 없고 그 손에서 능히 구할 이가 절

대로 없으므로 그것이 임의로 행하고 스스로 강대하더라

B. 숫염소 환상(봄)

a. 외모묘사

5 내가 생각할 때에 힌 숫염소가 서편에서부터 와서 온 지
면에 두루 다니되 땅에 닿지 아니하며 그 염소 두 눈 사
이에는 현저한 뿔이 있더라

b. 행동묘사1

6 그것이 두 뿔 가진 숫양 곧 내가 본 바 강가에 섰던 양에
게로 나아가되 분노한 힘으로 그것에게로 달려가더니

7 내가 본즉 그것이 숫양에게로 가까이 나아가서는 더욱 성
내어 그 숫양을 땅에 엎드러뜨리고 짓밟았으나 능히 숫양
을 그 손에서 벗어나게 할 이가 없었더라

c. 행동묘사2

8 숫염소가 스스로 심히 강대하여 가더니 강성할 때에 그
큰 뿔이 꺾이고 그 대신에 현저한 뿔 넷이 하늘 사방을
향하여 났더라

9 그중 한 뿔에서 또 작은 뿔 하나가 나서 남편과 동편과
또 영화로운 땅을 향하여 심히 커지더니

10 그것이 하늘 군대에 미칠 만큼 커져서 그 군대와 별 중에
몇을 땅에 떨어뜨리고 그것을 짓밟고

11 또 스스로 높아져서 군대의 주재를 대적하며 그에게 매일
드리는 제사를 제하여 버렸고 그의 성소를 헐었으며

12 범죄함을 인하여 백성과 매일 드리는 제사가 그것에게 붙
인 바 되었고 그것이 또 진리를 땅에 던지며 자의로 행하
여 형통하였더라

C. 대화(들음)

13 내가 들은즉 거룩한 자가 말하더니 다른 거룩한 자가 그
   말하는 자에게 묻되 이상에 나타난바 매일 드리는 제사
   와 망하게 하는 죄악에 대한 일과 성소와 백성이 내어준
   바 되며 짓밟힐 일이 어느 때까지 이를꼬 하매

14 그가 내게 이르되 이천삼백 주야까지니 그때에 성소가 정
   결하게 함을 입으리라 하였느니라

Ⅱ. 해설(상징풀이)

A. 상황(해설자등장)

15 나 다니엘이 이 이상을 보고 그 뜻을 알고자 할 때에 사
   람 모양 같은 것이 내 앞에 섰고

16 내가 들은즉 을래 강 두 언덕 사이에서 사람의 목소리가
   있어 외쳐 이르되 가브리엘아 이 이상을 이 사람에게 깨
   닫게 하라 하더니

17 그가 나의 선 곳으로 나아왔는데 그 나아올 때에 내가 두
   려워서 얼굴을 땅에 대고 엎드리매 그가 내게 이르되 인
   자야 깨달아 알라 이 이상은 정한 때 끝에 관한 것이니라

18 그가 내게 말할 때에 내가 얼굴을 땅에 대고 엎드리어 깊
   이 잠들매 그가 나를 어루만져서 일으켜 세우며

B. 해설

a. 도입

19 가로되 진노하시는 때가 마친 후에 될 일을 내가 네게 알
   게 하리니 이 이상은 정한 때 끝에 관한 일임이니라

b. 숫양

20 네가 본바 두 뿔 가진 숫양은 곧 메대와 바사 왕들이요

c. 숫염소

21 털이 많은 숫염소는 곧 헬라 왕이요 두 눈 사이에 있는
    큰 뿔은 곧 그 첫째 왕이요

22 이 뿔이 꺾이고 그 대신에 네 뿔이 났은즉 그 나라 가운
    데서 네 나라가 일어나되 그 권세만 못하리라

23 이 네 나라 마지막 때에 패역자들이 가득할 즈음에 한 왕
    이 일어나리니 그 얼굴은 엄장하며 궤휼에 능하며

24 그 권세가 강할 것이나 자기의 힘으로 말미암은 것이 아
    니며 그가 장차 비상하게 파괴를 행하고 자의로 행하여
    형통하며 강한 자들과 거룩한 백성을 멸하리라

25 그가 꾀를 베풀어 제 손으로 궤휼을 이루고 마음에 스스
    로 큰 체하며 또 평화한 때에 많은 무리를 멸하며 또 스
    스로 서서 만왕의 왕을 대적할 것이나 그가 사람의 손을
    말미암지 않고 깨어지리라

d. 종결(당부)

26 이미 말한바 주야에 대한 이상이 확실하니 너는 그 이상
    을 간수하라 이는 여러 날 후의 일임이니라

결언(수신자상황)

27 이에 나 다니엘이 혼절하여 수일을 앓다가 일어나서 왕의
    일을 보았느니라 내가 그 이상을 인하여 놀랐고 그 뜻을
    깨닫는 사람도 없었느니라

묵시문학이라는 독특한 '삶의 표현방식'을 드러내 보여주는 글쓰
기작업. 우리는 여기서 삶의 구조를 찾아내고, 거기에 담긴 생생한
삶의 모습과 소리를 보고 들어야 할 것이다. 글읽기도 그렇지만 '묵
시'라는 글쓰기는 더한층 봄과 들음에서 비롯한다. 봄과 들음이 없

이는 결코 글쓰기를 할 수 없기 때문이다. 냉철한 봄과 들음에서 본문은 기록된다. 그리고 글읽기는 봄과 들음을 통해서 삶을 다시 풀어내 경험하는 것이다. 이렇듯 '묵시'라는 독특한 글쓰기와 글읽기는 바로 삶읽기와 삶체험이라는 점에서 매우 중요하다.

봄과 들음, 그리고 성령

벨사살 왕 원년에 이상을 본 다니엘은 2년 정도 시간이 흐른 벨사살 왕 3년에 다시 이상을 본다. 본문은 이상을 본 다니엘이 그 모든 과정을 수화자에게 진술하는 형식을 택하는데 이것이 바로 묵시문학의 특징이다.(환상과 관련해서는 하나님이 발신자이고 다니엘은 수신자이지만, 본문에서는 다니엘이 발화자이고 독자들은 수화자이다. 등장인물이 맡은 역할의 다중성이 드러난다.) 묵시문학에서 가장 특징적인 것이라고 할 수 있는 환상은 절망의 시대를 넘어서 끝내 하나님이 이뤄주실 하나님 나라를 소망케 하는 성령의 강력한 역사이다. 다니엘은 그에게 나타난 이상, 즉 하나님이 성령을 통해서 그에게 보여주시는 환상을 자세히 본다. 그래서 본문에는 '본다'는 말이 여러 번 나온다(2절, 3절, 4절, 6절, 7절, 15절). '본다'는 말이 많이 쓰였다는 것은 그만큼 '봄[凝視]'이 중요하다는 것을 암시한다. 하나님이 환상을 보여주지 않으셨다면, 다니엘이 환상을 보지 않았다면, 본문은 기록되지 않았을 것이다. 그렇기 때문에 '봄'의 사건이 없다면 글쓰기도 없다. 이 봄은 하나님 나라를 봄이고, 이것은 성령의 사건이다. 그리고 '봄'에서 중요한 것은 '눈'이다. 본문을 읽는 독자들은 다니엘의 눈을 통해서 환상을 본다. 우리는 다니엘이 묘사하는 것만을 볼 수 있다. 그렇기에 본문에서 '다니엘의 눈'은 매우 중요한 창구(窓口)나 렌즈이고, '다니엘의 환상보기'는 지극히 중대한 사명이다. 그가 보지 못한 것을 우리는 도저히 볼 수 없고, 그가 보는 것만 볼 수 있기 때문이다.

다니엘은 무엇을 보는가? 다니엘이 맨 처음 본 것은 강가에 서 있는 숫양이다. 다니엘은 숫양을 세심히 살핀다. 어디선가 나타난 그 숫양은 두 뿔을 갖고 있다. 다니엘은 숫양을 전체적으로 살폈을 텐데, 그중에서 유독 두 뿔에 주목한다. 다니엘은 숫양의 다른 신체 부위에 대해서는 전혀 언급하지 않고 두 뿔만 이야기한다. 그래서 우리는 그 숫양이 어떻게 생겼는지 크기가 어느 정도인지 털은 어떤 색인지 전혀 알 수 없다. 다니엘은 우리들에게 그런 것들을 알려주지 않는다. 다니엘에게는 그런 것들은 별로 중요하지 않았던 모양이다. 그에게 인상적인 것은 숫양의 두 뿔이다. 그래서 우리도 다른 것들은 다 무시하고 두 뿔에 주목한다. 다니엘이 특히 두 뿔을 유심히 관찰했다는 사실은 그 다음 구절에서 나타난다. 다니엘은 두 뿔 길이를 비교해 본다. 두 뿔이 다 길지만 한쪽 뿔이 더 길고 그 뿔이 나중에 생겨났다는 사실까지 알아낸다(3절). 참으로 예리한 관찰력이다. 뿔이 길다는 것은 이 숫양이 힘이 매우 세다는 것을 보여주며, 그중에서 한쪽 뿔이 더 길고 나중에 생겨났다는 것은 어떤 신이성(神異性)을 보여준다. 나중에 생겨난 뿔이 어떻게 그 이전에 생긴 뿔보다 더 길고 강할 수 있는가? 다니엘은 두 뿔 중에서도 이 뿔에 더 관심을 둔다. 나중에 생긴 뿔이 더 길다는 것은 그 뿔이 더 강하다는 것이다. 그런데 이러한 특이성은 그 숫양이 현재 독자인 우리가 생각하는 숫양 이미지와는 다른 막강한 힘을 갖고 있음을 보여준다. 우리가 아는 숫양은 그렇게 강하거나 용맹스런 짐승은 아니지만 다니엘이 보는 숫양은 일종의 초능력을 지닌 특별한 숫양, 슈퍼 울트라 숫양인 것이다. 어쨌든 우리는 다니엘의 눈을 통해서 결코 예사롭지 않은 한 마리 숫양을 보고 있다.

그런데 이 숫양은 왜 등장했는가? 숫양은 강력한 힘을 상징하는 그 뿔들로 무엇을 할 것인가? 본문 기자가 다니엘의 눈을 통해서 보여주는 다음 장면은 그 숫양이 서쪽과 북쪽 그리고 남쪽을 향해서 달려가 들이받는 것이다. 숫양이 등장한 까닭은 여기에 있다. 그는 싸움을 벌이기 위해서 등장한 투양(鬪羊)인 것이다. 그는 자신이 가진 그 강력한 힘으로 다른 것들과 싸움을 벌인다. 두 뿔 가진 숫양이 할 일이라는 게 보이는 것마다 들이받는 것밖에 더 있겠는가? 서쪽과 북쪽, 그리고 남쪽에 무엇이 있는지 알 수 없지만 숫양은 그 대상들을 적으로 규정하고 그들에게 마구 달려들어서 두 뿔로 들이받는 것이다. 그 숫양은 천방지축인 데다 천하무적(天下無敵)이다. 다니엘이 유심히 지켜보는 그 싸움은 일방적이다. 아무도 숫양을 당해낼 수 없다. 여기서 우리가 다니엘의 눈을 통해서 보는 것은 그 무지막지한 숫양이 나타남으로써 지금까지 조용하던 이 세상에 심각한 폭력이 발생했다는 사실이다. 숫양은 강력한 폭력을 행사한다. 그 숫양으로 인해서 이 세상은 누구도 통제할 수 없는 싸움판으로 변한다. 이 세상은 마치 한쪽이 죽을 때까지 싸우는 파이트 클럽(fight club)과 같다. 숫양이 휘두르는 폭력을 아무도 제지할 수 없고, 숫양 손에서 누구도 구해낼 수 없다. 숫양에게 걸려들면 말 그대로 작살이 난다. 정말 절망적인 상황이다. 이것을 지켜볼 수밖에 없는 다니엘은 누군가가 나타나서 숫양을 제지해 주기를 기다렸던 모양이다. 하지만 그럴 힘을 가진 존재는 이 세상천지 그 어디에도 없다. 모두가 숫양에게 당할 뿐이다. 숫양은 세상을 손아귀에 쥐고 흔든다. 이런 막강한 힘을 가진 숫양. 그가 지배하는 세상. 그 지배에서 아무도 저항하지 못하고 거기서 벗어날 수 없는 이런 막막한 상황이 한없이 전개되는 것이다. 숫양은 제 마음대로, 하고 싶은 대로 한다. 이 폭군을 누가 몰아낼 것인가? 본문 기자가 자세히 말하지 않지만, 그 숫양이 폭력을 행사함으로써 이 세상에 얼마나 끔찍한 일이 벌어졌겠는가? 숫양이 천방지축으로 뛰어다니는 동안 세상은 온통 아수라장이 되었을 것이고, 숱한 피흘림이 있었을 것이다.

다니엘은 그 숫양을 보면서 여러 가지를 생각한다. 그는 무슨 생각을 했을까? 그 숫양이 만들어내는 미증유(未曾有)의 끔찍하고 잔인한 폭력에 몸서리쳤을 것이다. 다니엘은 아무도 나설 수 없는 상황에서 숫양을 누가 제어해 주기를 간절히 원하며 발을 동동 굴렀을 것이다. 누가 이 엄청난 폭력을 종식시킬 것인가? 그렇게 생각하는데 서편에서 숫염소 한 마리가 나타난다. 다니엘은 이제 숫양으로부터 눈을 돌려 그 숫염소를 유심히 관찰한다. 혹시 그 숫염소가 숫양을 제어할 힘을 갖고 있지 않은지. 다니엘이 예리한 살핌을 통해서 금세 알아낸 사실은 다행스럽게도 그 숫염소가 숫양을 능가하는 힘을 갖고 있다는 것이다. 숫양도 매우 강력하지만, 다니엘은 이 숫염소가 숫양과는 비교할 수 없을 정도로 강력하다는 사실을 금방 알아낸다. 숫염소는 등장하는 모습에서 벌써 숫양의 능력을 넘어선다. 숫염소는 등장하자마자 온 세상을 돌아다니는데, 그 발이 땅에 닿지 않는다. 그런 정도로 숫염소가 빠르다는 것이다. 숫양에게 공포를 느끼고 있던 다니엘은 아마 이 숫염소에게 희망을 걸었을 것이다. 숫염소가 천방지축으로 날뛰는 숫양을 제어하고 폭력을 종식시키고 이 세상에 평화를 가져다주기를. 다니엘이 기대한 대로 숫염소는 숫양과 싸움을 벌인다. 힘이 넘치는 숫염소가 할 일이란 게 쌈판을 벌이는 것 말고 또 뭐가 있겠는가. 온 땅을 재빠르게 돌아다닌 숫염소가 드디어 천방지축으로 날뛰는 숫양을 발견한다. 그리고 매우 분노한 힘으로 땅을 박차고 숫양에게 달려든다. 다니엘은 6절과 7절에서 두 번이나 숫염소가 분노한 힘으로 숫양에게 달려들었다고 말한다. 그러니 숫염소가 얼마나 강력한 힘으로 숫양에게 달려드는지 알 수 있다. 숫염소는 숫양이 안하무인으로 까부는 것에 화가 났는지도 모른다. 숫염소는 누군가가 자기보다 위에 있는 것을 도저히 못 견디는 성격인 모양이다. 그렇게 맹렬하게 달려간 숫염소는 숫양이 적들을 물리치는 것과는 정도가 다르게 숫양을 공격한다. 숫염소는 숫양을 사정없이 들이받아서 넘어뜨린다. 그렇게 자신만만하던 숫양도 무지막지한 숫염소에게 전혀 맞설 수 없었다. 숫염소는 숫양을 완전히 굴복시킨다. 결국 숫양은 비참한 최후를 맞이했을 것이다. 다니엘은 이렇게 말한다.

> 그것이 숫양을 땅에 엎드러뜨리고 짓밟았으나 능히 숫양을 그 손에서 벗어나게 할 이가 없었더라(7절)

여기서 보는 대로, 숫염소는 숫양과는 비교할 수 없을 정도로 난폭하다. 숫염소는 숫양과 무슨 원한관계가 있는지 숫양을 땅에 엎드러뜨리고 (마구) 짓밟는다. 숫양이 아무리 강하다고 해도 숫염소에게는 게임이 안 된다. 조족지혈(鳥足之血)이다. 숫염소는 어미 호랑이가 강아지를 가지고 놀 듯 그렇게 숫양을 다룬다. 본문은 숫염소

가 힘이 셀 뿐만 아니라 지극히 포악하다는 사실을 선명하게 보여
준다. 그토록 강력하고 자신만만하던 숫양은 이렇게 해서 사라진다.
그래서 일단은 숫양이 벌이던 폭력시위는 끝났다. 그런데 더 큰 문
제가 생겼다. 숫염소는 계속해서 힘을 강화한다. 더 폭력적이 되어
간다는 것이다. 숫염소는 숫양을 물리치는 것으로 자기 역할을 끝내
지 않는다. 숫염소는 힘을 더 강화해서 주변을 완전히 정복해서 초
토화시켜 버린다. 이제는 숫염소 세상이다. 아무도 숫염소를 통제할
수 없다. 이 숫염소는 자신이 갖고 있는 그 막강한 힘으로 숫양을
무자비하게 제거해 버리고 이 세상을 장악한 다음 세상을 파괴하는
폭력을 행사한다. 아무도 그를 제지할 수 없다. 숫양도 제어할 존재
가 없었는데 숫양을 가볍게 제거해 버린 이 무시무시한 숫염소를
누가 막을 것인가. 본문에는 숫염소만 나오지만 그 숫염소가 모두를
굴복시키고 아무도 그를 제지할 수 없다는 말에서 우리는 숫염소
외에 수많은 등장인물들, 숫염소가 행하는 폭력에 희생당한 이들을
본다. 숫양을 능가하는 폭력. 더 심화된 폭력. 온 세상이 그 폭력에
얽매어 있다. 다니엘이 보는 것은 숫양과 숫염소가 행하는 그 심각
한 폭력, 세상을 온통 황폐케 하는 절망적인 폭력이다.

이렇듯 숫양과 숫염소가 보여주는 것은 극심한 폭력과 파괴다.
그들이 엮어가는 역사는 폭력과 파괴, 살인의 역사인 것이다. 그런
폭력과 파괴는 숫양에서 숫염소로 나아가면서 더 심해진다. 그들은
차례로 나타나서 모든 것을 파괴해 버린다. 그들이 만들어내는 세
상은 죽음의 세상이다. 황폐하고 황량한 세상이다. 비통함과 눈물의
세상이다. 그러니 무슨 소망이 있겠는가.

그런데 그 폭력의 역사는 여기서 그치지 않는다. 본문은 지금까지 다니엘이 보았던 것보다 더 강력한 폭력을 예고한다. 다니엘서는 전체적으로 시선을 한곳으로 집중한다. 다니엘서는 한 뿔 또는 한 왕으로 초점을 맞추는데, 이런 현상은 특히 후반부인 7장[1])에서 12장[2]) 까지 두드러진다.

7 내가 밤 이상 가운데 그 다음에 본 넷째 짐승은 무섭고 놀라우며 또 극히 강하며 또 큰 철 이가 있어서 먹고 부서뜨리고 그 나머지를 발로 밟았으며 이 짐승은 전의 모든 짐승과 다르고 또 열 뿔이 있으므로 8 내가 그 뿔을 유심히 보는 중 다른 작은 뿔이 그 사이에서 나더니 먼저 뿔 중에 셋이 그 앞에 뿌리까지 뽑혔으며 이 작은 뿔에는 사람의 눈 같은 눈이 있고 또 입이 있어 큰 말을 하였느니라(7장)

구체적으로 어떻게 생겼는지 알 수 없지만, 이 짐승을 보고 다니엘이 얼마나 경악을 금치 못했을 것인지 짐작할 수 있다. 그리고 이 넷째 짐승이 상징하는 넷째 나라는 느부갓네살이 꾼 꿈을 연상케 한다.

넷째 나라는 강하기가 철 같으리니 철은 모든 물건을 부서뜨리고 이기는 것이라 철이 모든 것을 부수는 것같이 그 나라가 뭇 나라를 부서뜨리고 빻을 것이며(2장 40절)

---

1) 다니엘서 7장에 대해서는 이종록, 『새로운 엑소더스를 향하여』 (서울: 한국장로교출판사, 1997), 568~590쪽을 보라.
2) 다니엘서 12장 5~13절에 대해서는 이종록, 「끝 날에 관한 묵시문학적 이해-다니엘서 12:5~13 중심으로」, 대한예수교장로회교육부 편, 『끝 날까지 함께 하시는 그리스도』 (서울: 한국장로교출판사, 1997), 191~224쪽을 보라.

다니엘서는 폭력의 정점에 이 넷째 짐승을 설정하면서 넷째 짐승이 얼마나 강력하고 무자비한지를 보여주는 데 주의를 집중한다. 다니엘서 7장에서 해설자는 이 넷째 짐승을 이렇게 풀이한다.

23 모신 자가 이처럼 이르되 넷째 짐승은 곧 땅의 넷째 나라인데 이는 모든 나라보다 달라서 천하를 삼키고 밟아 부서뜨릴 것이며 24 그 열 뿔은 이 나라에서 일어날 열 왕이요 그 후에 또 하나가 일어나리니 그는 먼저 있던 자들과 다르고 또 세 왕을 복종시킬 것이며 25 그가 장차 말로 지극히 높으신 자를 대적하며 또 지극히 높으신 자의 성도를 괴롭게 할 것이며 그가 또 때와 법을 변개코자 할 것이며 성도는 그의 손에 붙인 바 되어 한 때와 두 때와 반 때를 지내리라(7장)

여기서 보는 대로 그 포악한 넷째 짐승, 그리고 마지막에 나타나는 한 왕은 감히 하나님까지 대적한다. 그 마지막 뿔, 마지막 왕이 하는 일은 파괴와 황폐케 함이다.

26 육십 이 이레 후에 기름부음을 받은 자가 끊어져 없어질 것이며 장차 한 왕의 백성이 와서 그 성읍과 성소를 훼파하려니와 그의 종말은 홍수에 엄몰됨 같을 것이며 또 끝까지 전쟁이 있으리니 황폐할 것이 작정되었느니라 27 그가 장차 많은 사람으로 더불어 한 이레 동안의 언약을 굳게 정하겠고 그가 그 이레의 절반에 제사와 예물을 금지할 것이며 또 잔포하여 미운 물건이 날개를 의지하여 설 것이며 또 이미 정한 종말까지 진노가 황폐케 하는 자에게 쏟아지리라 하였느니라(9장)

이렇듯 그 왕과 백성이 저지르는 일은 세상을 파멸시키는 일이다. 그들이 저지르는 폭력이 얼마나 극심한지 모른다. 더욱이 그 왕은 성소를 훼파할 뿐만 아니라 불경스럽게도 자신을 신격화시킴으로써 야훼께 대적하기까지 한다.

> 36 이 왕이 자기 뜻대로 행하며 스스로. 높여 모든 신보다 크다 하며 비상한 말로 신들의 신을 대적하며 형통하기를 분노하심이 쉴 때까지 하리니 이는 그 작정된 일이 반드시 이룰 것임이니라 37 그가 모든 것보다 스스로 크다 하고 그 열조의 신들과 여자의 사모하는 것을 돌아보지 아니하며 아무 신이든지 돌아보지 아니할 것이나 38 그 대신에 세력의 신을 공경할 것이요 또 그 열조가 알지 못하던 신에게 금. 은 보석과 보물을 드려 공경할 것이며 39 그는 이방 신을 힘입어 크게 견고한 산성들을 취할 것이요 무릇 그를 안다 하는 자에게는 영광을 더하여 여러 백성을 다스리게도 하며 그에게서 뇌물을 받고 땅을 나눠주기도 하리라(11장)

그 왕은 야훼께 도전할 정도로 엄청난 힘을 갖고 있는데, 그 힘은 세상을 망치는 폭력적인 힘이며, 사람들은 그로 인해서 끊임없이 고통을 당한다. 앞에서 말한 대로 다니엘서는 이 왕에게 시선을 집중한다. 이 왕에게 주목하는 까닭이 있다. 다니엘은 환상을 보는데 우리는 환상을 비역사적이고 추상적인 것으로 생각하기 쉽지만 그 환상은 결코 비역사적이지 않다. 그것은 철저히 역사적이다. 가브리엘은 숫양과 숫염소가 무엇을 상징하는지를 다니엘에게 알려준다. 숫양은 메대와 바사이고, 뿔들은 메대와 바사의 왕들이다. 그리고 숫염소는 헬라이고, 거기에 난 뿔들은 헬라의 왕들이다. 가브리엘이 환상을 풀이해 주지만 그 풀이가 구체적이지는 않다. 그 왕들이 누구인지를 명확하게 이야기하지 않았기 때문에 독자들은 다시 생각해 보아야 한다. 물론 우리는 그들이 누구인지는 충분히 짐작할 수 있다. 첫 번째 뿔은 알렉산더를 가리키는 것으로 보이고, 마

지막 뿔은 안티오쿠스 에피파네스를 가리키는 것으로 보이는데, 이
왕은 다니엘서 처음 독자들에게는 미래의 인물이 아니고 현재 인물
이었다. 다니엘이 보는 환상은 비역사적으로 보이는 상징들로 채워
져 있지만 그것은 철저히 역사적이며 현실직시임을 우리는 알아챈
다. 오히려 상징을 통해서 현실보다 더 실감나는 폭력성과 그 폭력
으로 인한 비극적인 결과를 우리에게 보여준다. 현실 역사에 나타
나는 그 제국주의적 폭력을 숫양과 숫염소로 상징화시켜서 적나라
하게 폭로하는 그 역사적 상상력이 우리를 감동케 하는데, 이러한
상상력은 하나님 나라를 소망케 하는 성령의 역사이다.

그런데 다니엘이 진술하는 장면들, 숫양과 숫염소로 상징되는 그
폭력적인 제국의 왕들이 만들어내는 세상은 바로 피카소가 그려낸
'게르니카'[3]이다. 다니엘이 본 환상은 또 하나의 게르니카인 것이
다. 그리고 본문을 읽었던 실제 독자들도 이 게르니카를 응시한다.
그리고 오늘 본문을 읽는 우리들도 그 비극의 현장 게르니카를 응
시한다. 무엇보다도 우리 하나님이 그곳을 응시하신다. 그래서 본문
은 응시의 연속이다. 이렇게 다중적인 응시가 본문의 특징이다.
다니엘이 보고 그려낸 옛 게르니카. 그것은 너무도 끔찍한 것이
었다. 우리는 다니엘이 그것을 보고 혼절해서 수일 동안 앓기까지

---

3) 독일 나치의 콘도르 비행단이 1937년 4월 26일 스페인 북부 바스크 지방
의 작은 마을 게르니카를 무차별 폭격했다. 게르니카는 군사기지도 아니
었고 폭격할 만한 주요도시도 아니었다. 이 폭격으로 마을 전체 가옥의
80%가 파괴되고 민간인 1500명 정도가 죽었다. 이 사건은 스페인 내전
기간 일어난 최대의 비극적 사건이다. 피카소가 파리에서 게르니카의 참
상을 전해듣고 이 사건을 주제로 '게르니카' 제작에 착수한 것은 1937년
5월 1일이었는데, 그 당시 피카소는 스페인공화국정부로부터 파리만국박람
회의 스페인관을 장식하기 위한 벽화제작을 의뢰받았다. 피카소가 세기의
명작 '게르니카'를 완성한 것은 약 한 달 뒤인 6월 4일이었다.

했다는 사실에서 그 끔찍한 정도를 짐작할 수 있다. 그것이 도대체 얼마나 끔찍했으면 그랬겠는가? 숫양과 숫염소가 저지르는 그 폭력과 파괴가 너무도 끔찍해서 다니엘은 견딜 수 없었던 것이다.

망각 속에 부활하는 '惡'

말이 울부짖는다. 사람들이 통곡한다. 순하디순한 소마저 놀란 입을 다물지 못한다. 죽음의 공포와 폭력의 잔인함에 모두가 경악한다. 1937년 스페인 내전 당시 피레네 산맥 작은 도시의 비극을 그린 피카소의 '게르니카'. 그러나 '게르니카'는 스페인에만 있는 것이 아니었다. 항우는 계곡에 수천 명을 파묻어버리며 황제가 되려 했고 백인들은 지구상 곳곳에서 원주민들을 멸종시켜 가며 제국을 건설했다. 게르니카를 폭격했던 나치는 다시 유대인 대학살을 저질렀고, 캄보디아의 킬링필드, 인도네시아의 발리, 48년의 제주도와 79년의 부산, 마산과 80년의 광주, 그리고 보스니아, 르완다, 수단, 동티모르, 체첸, 시에라리온……. 게르니카는 지금도 계속된다. 적게는 수백 명에서 많게는 수백만 명에 이르도록 인간이 인간을 죽이는 이유도 가지가지다. 종교, 인종, 민족, 권력, 이념…… 심지어는 시에라리온에서처럼 다이아몬드라는 돌멩이를 위해 인간의 팔다리를 절단 내는 경우도 있다.

▼ 이 순간에도 통곡은 계속되고……▼

힘을 갖자마자 피해자에서 가해자로 돌변해 버린 팔레스타인의 유대인과 베트남전에서의 한국인을 보면 인간이 진정 전지전능한 신의 피조물인지 의심했던 실존주의자들의 고민을 이해할 만하다. 순자나 토머스 홉스는 인간의 본성 자체에 악(惡)의 소굴이 있다고 주장했지만, 미국 UC산타바바라의 석좌교수 제프리 버튼 러셀은 인간의 역사와 언제나 함께해 온 악마의 문화사를 읽어내며 선과 악, 신과 악마는 인간의 양면성이 투영된 것이라고 주장한다. 악의 근원이 어디에 있든 인간 역사의 어디에서나 악의 승전보를 접할 수 있다. 그럼에도 인간의 역사가 악마의 찬가로 가득차지 않

은 것은 인
간들이 '반
성적 사유
를 통한 선
(善) 에 의
의지'를 잃
지 않았기

때문이다. 독일에서 유대인 여성으로 태어나 나치에 쫓겨 다녀야
했던 정치사상가 한나 아렌트는 반성적 사유가 없을 때 사회의 구
조적인 악 속에서 악의 시녀가 돼버리고 마는 인간의 현실을 지적
했었다. 이미 악의 승리가 낯설지 않은 우리에게 두려운 것은 악의
현실 자체가 아니라 악의 극복을 위해 싸웠던 역사를 망각한 채
반성적 사고를 잃고 악의 부활에 관대해진다는 것이다.

▼살아남은 자의 부끄러움▼

우리에게도 살아남은 자의 부끄러움에 얼굴 붉히며 악의 승리
앞에 좌절했던 기억이 있다. 일제침탈기를 거쳐 분단과 남북전쟁,
그리고 민주화 과정을 거치며 먼저 떠난 이들의 몫까지 살아내야
한다고 다짐하던 시절이 있었다. 하지만 이제 겨우 빈세기 민주주
의의 역사에서 얻게 된 조그만 '소극적 주권'을 향유하느라 그 시
절을 생각할 틈이 없다. 그들을 기념하는 일이 중요한 것은 아니
다. 두려운 것은 경계를 늦출 때 악마가 나를 습격하는 것이 아니
라 어느 순간 내가 악마로 돌변해 있을 수 있다는 것이다. 게르니
카의 울부짖는 사람들 사이에는 감지 못하는 눈들이 있다. 게르니
카의 사람들은 눈을 뜨고 죽는다. 원통해서가 아니다. 악이 승리하
는 역사를 똑바로 보고 후세에 전해주어야 하기 때문이다. 악은 게
르니카의 눈들이 추악한 학살과 전쟁 속에서 고통받는 이들을 외
면할 날을 기다리며 역사의 무대에 다시 주인공으로 오르기를 준
비하고 있다. 〈≪동아일보≫ 2000년 5월 23일, 김형찬〉

피카소가 그려낸 게르니카에서도 '봄(凝視)'은 매우 중요하다.

'봄'이 없었다면 게르니카라는 작품도 없었을 것이다. 그리고 그런 봄은 일회적이 아니다. 피카소는 작품 위쪽에 결코 감지 않는 큰 눈을 그려놓음으로써 '끊임없는 봄'을 이야기한다. 다니엘도 그런 눈으로 앞으로 닥칠 폭력의 시대를 직시한다. 그 고통을 직시한다. 그는 결코 눈을 돌려 회피하지 않는다. 본문은 그런 봄, 현실응시에 의해서 만들어진다.

이런 이상을 본 다니엘은 큰 충격을 받았다.

7 이 이상은 나 다니엘이 홀로 보았고 나와 함께한 사람들은 이 이상은 보지 못하였어도 그들이 크게 떨며 도망하여 숨었었느니라 8 그러므로 나만 홀로 있어서 이 큰 이상을 볼 때에 내 몸에 힘이 빠졌고 나의 아름다운 빛이 변하여 썩은 듯하였고 나의 힘이 다 없어졌으나 9 내가 그 말소리를 들었는데 그 말소리를 들을 때에 내가 얼굴을 땅에 대고 깊이 잠들었었느니라 10 한 손이 있어 나를 어루만지기로 내가 떨더니 그가 내 무릎과 손바닥이 땅에 닿게 일으키고 11 내게 이르되 은총을 크게 받은 사람 다니엘아 내가 네게 이르는 말을 깨닫고 일어서라 내가 네게 보내심을 받았느니라 그가 내게 이 말을 한 후에 내가 떨며 일어서매 12 그가 이르되 다니엘아 두려워하지 말라 네가 깨달으려 하여 네 하나님 앞에 스스로 겸비케 하기로 결심하던 첫 날부터 네 말이 들으신 바 되었으므로 내가 네 말로 인하여 왔느니라(10장)

본문에서 분명히 밝히는 것처럼 다니엘이 본 것은 다니엘에게 일어날 일이 아니다. 가브리엘은 그 일이 먼 훗날 일어날 것이라고 세 번이나 말한다. 그렇게 하면서 다니엘을 위로한다. 그리고 12장 13절에서는 다니엘에게 그런 일이 닥치지 않을 것이라고 말한다.

그러니 다니엘은 조금도 걱정할 것이 없다. 그런데도 그렇게 놀랐다니 다니엘이 본 이상이 얼마나 강력하고 끔찍한 것이었는지 짐작할 수 있다. 그러니 그 일을 직접 당하는 사람들, 숫양과 숫염소가 연이어서 판치는 그런 끔찍한 폭력의 시대를 직접 사는 사람들은 얼마나 고통스러웠겠는가? 그것이 다니엘에게는 아주 먼 훗날의 일이었을지라도 이 글을 기록하고 읽은 사람들은 바로 그 끝없는 폭력, 한 뿔로 상징되는 안티오쿠스 에피파네스가 저지르는 그 무한한 폭력의 현장에 있었던 것이다.

　본문 기자는 이것을 말하고 싶었을 것이다. 다니엘은 그런 일을 당할 사람이 아닌데도, 그 환상을 보기만 했어도 이렇게 실신하는데, 그 일을 직접 당할 사람들은 오죽하겠는가? 이런 것을 통해서 그 상황이 지독하게 비참하다는 것을 보여주고 싶어 한다. 그 폭력의 시대가 얼마나 잔인한 시대인지를 보여주려는 것이다.

절규도 삼켜버린 전쟁의 광기여!
　계속되는 나토의 유고 공습. 불타는 발칸반도. 수많은 양민이 희생당했다. 피습으로 처참하게 살상당하는 양민은 피카소의 게르니카에 의해 아비규환으로 생생하게 재현된 바 있다. 피카소는 스페인의 독재자 프랑코를 돕기 위해 게르니카를 공습해 무고한 양민을 학살한 히틀러의 만행을 고발한다. 죽은 아이를 품에 안고 울부짖는 어머니(왼쪽), 긴 칼에 앞가슴이 짓이겨진 말(중앙), 포탄으로 박살난 무릎을 안고 절규하는 부상자, 부러진 칼(하단부) 등이 전쟁의 참상을 입체화한다. 화면 중앙부는 삼각형 구도를 형성하여 학살의 공포를 수렴해 불길처럼 증폭시킨다. 또한 화면을 비수처럼 찢는 검고 흰 명암의 극명한 대비는 오열과 절규마저 소리 없는 아우성으로, 공포의 가위눌림으로 클로즈업한다. 그러나 피카소는 전쟁의 광기와 폭력을 고발하는 데 그치지 않는다. 희망으로 전환시킨다. 하단부의 부러진 칼, 그 위에 핀 여린 꽃 한 송이, 죽음의 어둠을 물리치는 상단부의 횃불, 그리고 등(燈). 특히 등이 전쟁을 고발하고 증언하는 눈(眼)의 이미지임을 확인한다면 이 그림은 잔인한 폭력이 아니라 정신적 아노미 상태를 경계하고 이를 극복하려는 의지를 담고 있다고 해야 할 것이다. 부러진 칼 위에 핀 꽃처럼. 죽음 속에 핀 꽃처럼. '수렁 깊은 곳/하늘도 비추잖는 진흙창 늪/온갖 회한 그대로 안고/끝내 날아'올라, '있는 그대로/황금빛 눈부심 되어/불타'(김지하, 바램 3)오를 불꽃처럼 말이다.《≪동아일보≫ 1999년 4월 17일 조용훈(청주교육대 국어교육과 교수)〉

다니엘은 봄뿐만 아니라 들음을 통해서도 하나님 말씀을 듣는다. 다니엘이 환상을 보았지만, 그것은 가브리엘이 들려주는 해석을 듣지 않으면 의미가 없다. 다니엘은 그 환상을 보고 그것이 무엇을 의미하는지를 정확하게 알지 못한다. 그래서 다니엘은 듣는 일에 주의를 기울인다. 그런 들음은 13절과 14절에서 명확히 나타난다. 13절은 "내가 들은즉"으로 시작한다. 두 사람이 이야기하는 것을 다니엘이 듣는 것이다. 다니엘은 그것을 우리에게 들려준다. 그들이 이야기하는 내용은 이 비참한 폭력의 시대가 언제까지 지속할 것이냐 하는 것이다. 다니엘도 여기에 관심이 있었겠지만, 이것은 다니엘서 첫 독자들에게는 생사가 달린 문제였을 것이다. 13절과 14절에는 '거룩한 자'가 둘 등장하는데, 한 거룩한 자가 말을 하고, 다른 거룩한 자가 그에게 묻자, 그 거룩한 자가 다니엘에게 대답하는 형식이다. 그래서 다니엘도 이 대화에 끼어들고, 다니엘을 통해서 우리도 대화에 끼어든다.(이 비슷한 장면이 12장에도 나오는데, 이 구절은 잠시 후에 다룰 것이다.) 이것은 시간적 병치이다. 다양한 시간 층들이 한곳에 놓이는 것이다. 다니엘 시대와 실제 폭력의 시대, 그리고 우리 시대가 동일선상에 놓인 것이다. 그 거룩한 자들은 어쩌면 비교할 수 없는 폭력의 시대를 사는 다니엘서 첫 독자들인지도 모르겠다.

기다림과 성령

사람들은 게르니카에서도 희망을 보았다. 아니 그 그림이 희망을 보여준다. 그 속에 그려진 사람들은 그 비참한 상황 속에서도 희망을 포기하지 않는다. 다니엘서 8장이 보여주는 것도 그런 강한 희망이다. 결코 포기할 수 없는 그 희망을 보여준다.

피카소 '게르니카' – 화면 가득한 공포와 연민
그림은 과열된 전구와 말의 머리를 꼭짓점으로 하는 삼각형과 그 좌우에 황소와 두 팔을 벌린 여인 등 크게 세 부분으로 돼 있다. 가장 넓은 면적을 차지한 중앙 부분에는 창에 복부를 관통당한 채 고통의 극한을 경험하고 있는 말과 절단된 병사의 얼굴과 팔, 그리고 서둘러 도피하는 과장된 사지의 여인이 있다. 이 부분은 게르니카의 무고한 주민과 병사들이라는 실제 인물들과 말로 대변되는 스페인 공화국의 상징이 결합되고 있는데 잘린 병사의 손 옆에 있는 꽃은 그의 투혼을 기념한다. 중앙의 참상은 오른쪽의 불타는 집에서 떨어지는 여인의 모습에서 반복되고 있지만 한편으로는 램프를 비추며 창을 통해 등장하는 또 다른 여인에 의해서 증언되고 또 심판받을 것이 암시된다. 화면 왼쪽에는 죽은 아기를 안고 울부짖는 또 하나의 여인과 황소, 그리고 탁자 위에서 경련을 일으키는 비둘기가 있다. 여기서 황소를 어떻게 해석하느냐가 논란이 되어왔는데 말이 스페인공화국을 나타낸다면 무표정한 황소는 압제자인 프랑코를 나타내는 것이 당연할 듯하다. 그러나 황소는 스페인의 상징이자 피카소의 자아를 대변하는 이미지라는 점에서 또한 그림의 모든 인물은 물론 말까지도 황소를 바라보고 있어서 이는 가혹한 운명 속에서도 굴하지 않는 스페인의 희망이자 갱생에 대한 의지라는 해석이 더 설득력이 있다. 이 그림을 평이한 전쟁 다큐멘터리나 상식적인 기념화가 빠지기 쉬운 함정에서 구한 것은 물론 피카소의 능력이지만 애매하고 이해하기 어려운 부분을 포함한 것역시 그림을 다양한 해석을 향해 열어놓는 작가의 의도적인 선택이다. 따라서 개별적인 이미지를 규명하고 그를 조합하는 것이 곧작품의 올바른 해석과 직결되는 것은 아니며, 그 진정한 의미는 각자가 느끼고 의미를 부여하는 이미지와 이미지 사이의 보이지 않는 어떤 지점에 있다는 사실을 잊지 말자.〈≪동아일보≫ 2000년 8월 9일 강태희(한국예술종합학교 미술원 교수)〉

'게르니카'라는 작품이 비극적인 폭력의 시대와 미래를 바라보는 눈을 병치함으로써 비극의 시대와 겹쳐 나타나는 희망적인 미래시대의 도래를 함께 말한 것처럼, 다니엘도 그 끔찍한 폭력적인 시대를 보면서 그 이후에 오는 희망의 시대도 보았다. 그런데 사람들이 그 절망적인 순간에 미래를 바라볼 수 있는 눈을 갖는 희망의 근거는 무엇인가? 본문은 사람의 손으로 하지 않는 일에 대해서 말한다. 사람 손으로 하지 않는 일이라는 말은 다니엘서 2장을 떠올리게 한다.

34 또 왕이 보신즉 사람의 손으로 하지 아니하고 뜨인 돌이 신상의 철과 진흙의 발을 쳐서 부서뜨리매 35 때에 철과 진흙과 놋과 은과 금이 다 부서져 여름 타작 마당의 겨같이 되어 바람에 불려 간 곳이 없었고 우상을 친 돌은 태산을 이루어 온 세계에 가득하였었나이다(2장)
13 내가 또 밤 이상 중에 보았는데 인자 같은 이가 하늘 구름을 타고 와서 옛적부터 항상 계신 자에게 나아와 그 앞에 인도되매

14 그에게 권세와 영광과 나라를 주고 모든 백성과 나라들과 각
방언하는 자로 그를 섬기게 하였으니 그 권세는 영원한 권세라 옮
기지 아니할 것이요 그 나라는 폐하지 아니할 것이니라(7장)

하나님이 직접 나서서 세우시는 나라. 이것이 희망의 근거다. 그
런데 그런 세상, 하나님 나라가 언제 온다는 말인가. 언제까지 기다
려야 한단 말인가. 기다림. 그 간절한 기다림. 사람들은 손꼽아 기
다린다. 손꼽는다는 것은 날짜를 센다는 의미다. 옥에 갇힌 사람들
이 벽에 금을 그으면서 날짜를 세었던 것처럼 다니엘이 미리 보는
그 고통스러운 시대를 이미 사는 거룩한 사람들도 날짜를 센다. 그
래서 묵시문학에는 시간계산에 관한 이야기가 나온다. 다니엘서 8
장 14절을 보면, 한 거룩한 자가 다니엘에게 이천삼백 주야가 지나
야 성소가 깨끗해진다고 말한다. 이 '이천삼백 주야'는 이천삼백
(2300) 일을 말하는 것이 아니고, 천백오십(1150) 일이다. 이스라엘
은 아침과 저녁에 한 번씩 하루에 두 차례 제사를 드리는데, 이것
을 합쳐서 계산한 것이기 때문에 반으로 나누어야 정확한 날수를
알 수 있다. 천백오십 일은 대략 3년 정도 되는 기간이다. 묵시문학
에서는 고통당하는 사람들이 견뎌내야 할 날을 대체로 3년 내지 3
년 반으로 설정한다.

5 나 다니엘이 본즉 다른 두 사람이 있어 하나는 강 이편 언덕
에 섰고 하나는 강 저편 언덕에 섰더니 6 그중에 하나가 세마포
옷을 입은 자 곧 강물 위에 있는 자에게 이르되 이 기사의 끝이
어느 때까지냐 하기로 7 내가 들은즉 그 세마포 옷을 입고 강물
위에 있는 자가 그 좌우 손을 들어 하늘을 향하여 영생하시는 자
를 가리켜 맹세하여 가로되 반드시 한때 두때 반때를 지나서 성도
의 권세가 다 깨어지기까지니 그렇게 되면 이 모든 일이 다 끝나

리라 하더라 8 내가 듣고도 깨닫지 못한지라 내가 가로되 내 주여 이 모든 일의 결국이 어떠하겠삽나이까 9 그가 가로되 다니엘아 갈지어다 대저 이 말은 마지막 때까지 간수하고 봉함할 것임이니라 10 많은 사람이 연단을 받아 스스로 정결케 하며 희게 할 것이나 악한 사람은 악을 행하리니 악한 자는 아무도 깨닫지 못하되 오직 지혜 있는 자는 깨달으리라 <u>11 매일 드리는 제사를 폐하며 멸망케 할 미운 물건을 세울 때부터 일천이백구십 일을 지낼 것이요 12 기다려서 일천삼백삼십오 일까지 이르는 그 사람은 복이 있으리라</u> 13 너는 가서 마지막을 기다리라 이는 네가 평안히 쉬다가 끝 날에는 네 업을 누릴 것임이니라(12장)

다니엘에게는 먼 훗날이었지만 본문을 읽는 사람들에게는 그날은 결코 먼 날이 아니다. 다니엘이야 평안히 쉬다가 세상을 떠나겠지만 본문을 읽는 사람들은 다니엘이 환상으로 본 바로 그 상황에 처해 있기 때문이다. 다니엘에게 환상이었던 것이 이제는 현실이 된 것이다. 먼 훗날의 일이 아니고 지금 당장 이곳에서 이루어지는 일인 것이다. 숫양에 이어서 숫염소가, 그리고 마지막으로 강력한 한 뿔이 일으키는 극심한 폭력의 시대를 사는 그들은 자신들이 구원받을 때를 손꼽아 기다린다. 본문은 3년 반만 참으면 하나님 나라가 임한다는 것을 강조한다. 이 말을 들으면서 그들은 얼마 지나지 않아 하나님이 이루실 그 세상을 확신하면서 그 나라를 이미 체험하면서 현실을 견뎌내는 영적 시뮬레이션을 한다. 이것이 바로 묵시라는 문학구조가 보여주는 삶의 모습이다. 그리고 이런 묵시적 구조에 나타나는 간절한 기다림은 바로 폭력적인 제국주의를 넘어 하나님 나라를 소망케 하는 성령의 역사이다.

제4장 일본제국주의가 한국교회의
구약성서이해에 미친 영향

Ⅰ. 구약과 탈식민주의

고대 이스라엘의 역사를 다룬 구약성서만큼 탈식민주의[1]를 연구하는 데 적합한 책은 없을 것이다. 고대 이스라엘은 끊임없이 주변 제국주의자들에 의해서 압제·수탈당하는 식민지적 역사였다. 그들

---

1) 탈식민주의에 관한 가장 최근의 논의에 대해서는 Robert J. C. Young, *Postcolonialism-An Historical Introduction*(Malden: Blackwell Pub-lishers Ltd., 2001)을 보라. '탈식민주의'는 포스트콜로니얼리즘을 번역한 것인데, 정확하게 말하면 디콜로나이제이션(decolonization)이 탈식민주의이다. 포스트콜로니얼리즘은 식민지배에 대한 포괄적인 저항을 말하고, 식민주의로부터 벗어나려는 구체적인 행위가 디콜로나이제이션이기 때문에 포스트콜로니얼리즘이 좀더 넓은 의미를 갖는다고 할 수 있다. 그러나 일반적으로는 이 둘을 거의 동일한 의미로 사용하기 때문에 이 논문에서는 포스트콜로니얼리즘을 탈식민주의로 번역한다. 그리고 제국주의(imperialism)와 식민주의(colonialism)도 역사적인 전개에 따라 의미적으로 차이가 있는데, 도식적으로 말하면 타국을 정치적으로 통치하려는 지배 이데올로기(dominant ideology)를 제국주의라고 하고, 경제적인 목적으로 타국을 침략하고 수탈하는 자본주의적 행위를 식민주의라고 한다. 제국주의가 좀더 포괄적이고 식민주의는 더 구체적이긴 하지만 일반적으로는 이 둘이 서로 중첩되고, 사람들도 거의 동일한 의미로 사용하기 때문에 병용하려고 한다. 신식민주의(neocolonialism)는 전통적인 의미의 제국주의와 식민주의가 끝나고 식민지 국가들이 영토와 주권을 회복했음에도 불구하고 여전히 정치·경제적으로, 또 문화적으로 예전 제국주의 국가들이나 강대국들에 예속되어 있는 상태를 말한다.

은 오랜 세월 동안 이집트에 의해서 압제를 받았고(이스라엘은 이
집트의 정치적 영향에서 벗어난 적이 없었다), 주전 722년에 신앗
시리아 제국에 의해서 북왕국 이스라엘이 멸망당하고, 주전 587년
에 신바빌로니아 제국에 의해서 남왕국 유다가 멸망당했으며, 페르
시아 제국에 이어서 고대근동을 장악한 헬라와 로마제국에 의해서
도 억압을 받았고, 오랜 세월 동안 나라를 이루지 못하고 살아야
했다. 이런 이스라엘 역사를 담고 있는 것이 구약성서이다. 그렇기
때문에 구약성서를 기록하고 편집하는 것 자체가 탈식민주의적이
고, 또 구약을 연구하는 것도 탈식민주의적이라고 할 수 있겠다.

　구약성서와 탈식민주의의 관계를 다룰 때 논리적으로 세 가지 작
업이 가능하다. 하나는 구약성서에 반영되어 있는 식민주의적 요소
를 찾아내서 비판하는 것이고, 다른 하나는 구약성서에 나타나는
탈식민주의적 요소를 찾아내는 것이다. 그리고 마지막은 구약성서
를 식민주의적으로 해석하고 사용하는 것, 즉 구약성서 이후에 이
루어진 식민주의적 구약성서 이해와 연구를 지적하고 비판하는 것
이다. 이 논문에서는 마지막 작업을 택했다.[2) 그러면 먼저 탈식민
주의 작업이 무엇인지 간단하게 살펴보고 넘어가도록 하자.

　　탈식민주의가 분석해야 할 대상은 경제, 문화, 정치 등의 다방면

---

2) 다른 두 가지 작업, 즉 구약성서에서 식민주의적 요소와 탈식민주의적 요
　소를 찾아내는 작업은 다음에 하려고 하는데, 조만간 '엑소더스와 새 도시
　사상'이라는 주제로 구약성서에 나타나는 탈식민사상을 살펴볼 것이다. 그
　리고 이 논문에서는 셋째 작업 가운데 일본제국주의가 한국교회의 구약성
　서이해와 연구에 미친 영향을 다루지만 한국교회가 학문적으로는 일본보
　다 오히려 서구로부터 많은 영향을 받았고 또 지금도 받고 있기 때문에
　이제까지 한국에서 출판된 성서주석들과 논문들이 얼마나 서구지향적인지
　를 탈식민주의적으로 검토하는 작업도 필요하다고 생각한다.

에 걸쳐 다른 민족, 인종, 문화 사이에(때로는 그 자체 내에서) 형
성된 지배와 종속 관계로서, 이는 근대 유럽의 식민주의와 제국주
의 역사에 그 뿌리를 두고 있으면서 동시에 현재의 신식민주의 체
제하에서도 명백히 지속되고 있다.[3]

탈식민주의는 식민지적인 시각과 영향에서 벗어나려는 것인데,
제국주의의 식민지 지배를 통해서 형성된 중심부와 주변부의 주종
관계를 깨뜨리고, 주변부가 중심부와 동등한 위치로 부상하는 것을
의미한다. 주변부는 더이상 종속적인 위치가 아니고 비평적인 반성
과 명료화를 위한 창의적인 공간이다.[4]

그런데 "근대 유럽의 식민주의와 제국주의 역사에 그 뿌리를 두
고 있다"는 구절이 말하듯 탈식민주의 이론이 주로 유럽제국주의에
의해서 침략당하고 지배당한 지역을 다루기 때문에[5] 유럽제국주의

---

3) Bart Moore-Gilbert, *Postcolonial Theory-Contexts, Practices, Poli-
   tics*, 이경원 옮김, 『탈식민주의! 저항에서 유희로』(서울: 한길사, 2001),
   63.
4) R. S. Sugirtharajah, "Introduction: The Margin as a Site of Creative
   Re-visioning", ed. R. S. Sugirtharajah, *Voices from the Margin-
   Interpreting the Bible in the Third World*(Maryknoll: Orbis Books, 1997),
   2. Heikki R is nen, Elisabeth Sch ssler Fiorenza, R. S. Sugirtharajah,
   Krister Stendahl, James Barr, *Reading the Bible in the Global Village:
   Helsinki*(Atlanta: Society of Biblical Literature, 2000)도 보라. 아시아적인
   시각으로 성서읽기에 대해서는 Choan-Seng Song, *Third-Eye Theology-
   Theology in Formation in Asian Settings*, 朱在鏞李正熙 共譯, 『아시아의
   苦難과 神學』(서울: 대한기독교출판사, 1982)을 보라.
5) 이렇게 말하면 식민주의가 이미 끝났다고 생각할 수 있는데, 아직도 식민
   지배를 받고 있는 나라와 민족들, 그것도 동일 국가 내에서 타민족에 의
   해, 그리고 접경국가에 의해서 식민 지배를 당하는 사람들이 있다는 사실
   을 잊지 말아야 한다. Robert J. C. Young, 3-4. 이런 형태의 식민 지배
   도 주류 탈식민주의 논의에서는 배제된다.

가 아닌 일본제국주의에 의해서 침탈당한 한국은 제외될 수밖에 없다는 문제가 있다.

〈포스트 콜로니얼〉이라는 용어는 식민주의 시기로부터 현재에 이르기까지 제국주의적 영향으로부터 자유로울 수 없었던 모든 문화를 포괄하는 통칭적 개념으로 사용된다. 왜냐하면 〈포스트 콜로니얼〉이라는 용어는 유럽의 제국주의적 침략이 촉발한 일련의 유럽적 야심을 역사적 과정을 통해 반영하는 용어일 뿐만 아니라 근자에 출현한 새로운 〈통문화적 비평 cross-cultural criticism〉과 그 담론의 구성적 특성을 드러내는 데 가장 적합한 용어이기 때문이다. 이러한 의미에서 이 저작은 <u>유럽의 제국주의적 지배와 그 지배가 동시대 문학에 끼친 영향을 주요 관심사로 삼고 있다. 그러므로 아프리카 국가들과 호주, 방글라데시, 캐나다, 카리브해 국가들, 인도, 말레이시아, 말타, 뉴질랜드, 파키스탄, 싱카포르, 남태평양의 섬나라들 그리고 스리랑카 같은 국가들</u>의 문학이 모두 포스트 콜로니얼한 문학의 범주에 속하게 된다.6)

여기서 보는 대로, 일반적으로 '탈식민주의' 하면 유럽제국주의와 그 식민지의 관계로 이해한다. 유럽의 식민지는 아시아와 아프리카7) 그리고 아메리카, 오세아니아 등 모든 대륙에 걸쳐 있었기 때문에8) 대개의 경우 탈식민주의는 유럽제국주의적인 영향, 유럽에

---

6) Bill Ashcroft, Gareth Griffiths, and Helen Tiffin, *The Empire Writes Back*, 이석호 옮김, 『포스트콜로니얼 문학이론』 (서울: 민음사, 1996), 12-13.

7) 아프리카의 탈식민주의에 대해서는 이석호 엮음, 『아프리카 탈식민주의 문화론과 근대성』 (서울: 도서출판 동인, 2001)과 Ngugi wa Thiong'o, *Decolonising the Mind- the Politics of Language in African Literature*, 이석호 옮김, 『탈식민주의와 아프리카 문학』 (고양: 도서출판 인간사랑, 1999)을 보라.

8) 일차 세계대전 무렵에 전세계 면적의 10분의 9가 식민지였다. 영국은 전세

종속적인 상황에서 벗어나려는 데 목적을 둔다.9) 그런데 우리는 유럽이 아닌 일본에 의해서 식민지화된 경험을 갖고 있다는 점에서 일반적인 탈식민주의 논의에서 한걸음 물러설 수밖에 없다.10) 물론 넓게 보면 한국교회가 초기부터 신학적으로 미국의 영향을 상당히 많이 받았고, 아직도 여러 가지로 종속되어 있기 때문에 미국이 우리를 직접 지배하지는 않았다고 해도 신식민주의적(neo-colonial) 관점에서 미국과의 관계를 다룰 수 있을 것이다. 미국선교사는 1945년 이전에 한국에 온 외국 선교사 총 1529명 가운데 1059명으로 69.3%를 차지했다.11) 이런 점에서 미국선교사들이 한국교회에 주도적인 영향을 미쳤을 것은 분명하다. 그리고 "미국의 선교운동은 기독교 문화와 결합된 백인우월주의와 대아메리카 구상에 입각한 미 국력의 대외 진출 의지가 결합되어 종교적 정열로 표출된 것이다"12)라는 점에서도 미국제국주의와 한국의 관계를 탈식민주의적으로 다룰 수 있을 것으로 보인다.

계 면적의 5분의 1을, 인구의 4분의 1을 지배했다. Robert J. C. Young, 2.

9) 우리나라가 서구에 의해서 직접적인 식민 지배를 받지는 않았지만 여러 가지 면에서, 특히 학문적으로 서구종속적이기 때문에 서구와 한국의 관계를 신식민주의적으로 규정할 수 있겠다. 논문이라는 글쓰기에서 나타나는 원전 중심주의, 즉 서구종속적인 글쓰기에 대한 탈식민주의적 연구는 김영민, 『탈식민성과 우리 인문학의 글쓰기』(서울: 민음사, 1996, 1997)를 보라.

10) "그러나 극동의 三國, 곧 한국과 일본 및 중국의 경우에 있어서는 사정이 달랐다. 일본과 중국은 선교를 직접 서구에서 받았으나 植民의 대상이 되지 아니하였고, 한국의 경우에 있어서는 식민적 제국주의가 오히려 일본이었고, 기독교는 이 침략 일본에 대한 저항적 민족 에너지와 결탁하는 양상으로 전개되었다는 특수성이 있다. 다시 말하면 기독교는 한국에서 이 日帝의 식민 세력에 대한 민족적 同一性의 보존 충동에 동맹하는 형식으로 토착화하기 시작했다는 것이다." 민경배, 『교회와 민족』(서울: 대한기독교출판사, 1981), 16-17.

11) 김승태·박혜진 엮음, 『내한선교사 총람』(서울: 한국기독교사연구소, 1994), 4.

12) 이만열, 『한국기독교 수용사 연구』(서울: 두레시대, 1998), 194.

그들의 신앙유형과 그들의 특정 신학전통만을 받아들이도록 교육시킨 것이다. 그들의 신학사상과 다른 교리나 성서해석은 아예 위험한 것으로 아니면 이단으로 정죄하고 배격하였던 것이다. 이런 그들의 신학적 편식이 결과적으로 한국교회의 신학부재의 현상을 가져왔고 다른 신학사상에 대한 의구심과 자유로운 신학연구 분위기를 처음부터 봉쇄하기에 이른 것이다. 이리하여 초기 선교사들의 신학이 마치 한국교회의 신학인 양 착각하고 있는 사람들도 있는 것이다.13)

이처럼 미국선교사들이 한국교회에 미친 영향은 긍정적인 측면에서나 부정적인 측면에서나 지대하다. 그렇기 때문에 이제는 미국선교사들이 한국에 미친 영향을 냉철하게 검토해야 하고, 그들이 한국에 와서 어떤 일들을 했는지, 그들이 얼마나 제국주의적인 인물들이었는지도 알아야 할 것이다.14)

---

13) 송길섭, 『한국신학사상사』 (서울: 대한기독교출판사, 1987, 1991), 75.

14) "한편 이러한 미국 세력의 부식(扶植)은 경제면에서도 전개되었다. 언더우드는 한국의 수입품에 영국과 미국의 셔츠·면직물·면사모사·석유·의복·식량·목재·비누 및 설탕이 있음을 주목한다. 그는 1904년 한국의 수입이 880만 달러로 대폭 증가한 것은 새로운 철도 부설을 위해 미국으로부터 200만 달러의 자재를 수입했기 때문이라고 하면서, 이를 두고 국가적 긍지감을 느낀다고 하였다. 이어서 그는 '그리하여 통상과 교회가 손에 손을 잡고 하나님의 나라를 진전시키고 평화의 왕자이신 그리스도의 교훈을 확장해 간다'고 의기양양하게 설파했다. 선교사들의 이러한 사고는 백인우월주의에 의해 미개 민족의 문명화가 곧 기독교화이며 나아가서는 미국화(식민지화)로 진전되어야 한다는 논리에 입각한 것이었다. 선교사들이 한국의 기독교화와 식민지화를 꾀하고 있었던 만큼 그들은 선교 활동 중에서도 상행위로 무역의 이득을 취하고 이권을 탐했다. 언더우드는 석유 석탄 농기구 등을 수입했고 다른 선교사들도 이 같은 일을 따라 했다. 이들은 자신의 행위를 옹호하기 위해 자기들이 하는 일이 인류에게 봉사하는 것이라고 주장했다는 것이다." 이만열, 『한국기독교 수용사 연구』, 195-196. 선교사들의 "미국 팔기와 자본주의 전하기"에 대해서는 류대영, 『초기 미국선교사 연구(1884-1910)—선교사들의 중산층적 성격을 중심

하지만 그럼에도 불구하고 한국이 경험한 직접적인 식민지배는 유럽이나 미국이 아닌 일본제국주의에 의한 것이다. 한국은 같은 동양인, 그것도 인접한 국가에 의해서 식민지배를 받았기 때문에 에드워드 사이드가 말하는 '오리엔탈리즘'15)도 일본과 한국과이 관계를 다룰 때에는 적합하지 않다. 앞으로 살펴보겠지만, 오히려 일본이 탈서구화를 외치기 때문이다. 그리고 신학적 탈식민주의를 말하는 수기타라자의 저작들16)이나 서구 신학계에서 다루는 탈식민주의17)도 유럽제국주의와 비유럽 식민지의 관계에서 탈식민주의를 다루기 때문에 우리 경우에 잘 맞지 않다. 이런 이유로 우리의 식민지적 경험은 일반적인 탈식민주의 논의의 대상이 되지 못하고, 그래서 우리의 논의는 일반적인 탈식민주의 논의에 비해 열등해질 수밖에 없다. 문학적으로도 일반 탈식민주의 문학에 관한 논의에서는 주로 영문학과의 관계성을 다루는데, 한국문학, 특히 근대서사에서 나타나는 식민성은 일본과의 관계에서 다루어야 하기 때문에18) 역시 주류 탈식민주의 문학 논의에서 벗어날 수밖에 없다. 이런 양

으로』(서울: 한국기독교역사연구소, 2001), 212-264도 보라.

15) Edward W. Said, *Orientalism*, 박홍규 옮김, 『오리엔탈리즘』(서울: 교보문고, 1991, 2000).

16) R. S. Sugirtharajah, *Asian Biblical Hermeneutics and Postcolonialism-Contesting the Interpretations*(Maryknoll: Orbis Books, 1998). 이 책은 서양의 지배를 받은 아시아 국가들의 관점에서 쓰였기 때문에 같은 동양인인 일본에 의해서 식민지배를 받은 한국의 경우에는 적합하지 않다. 그리고 ed. R. S. Sugirtharajah, *The Postcolonial Bible*(Sheffield: Sheffield Academic Press, 1998), R. S. Sugirtharajah, *The Bible and the Third World- Precolonial, Colonial and Postcolonial Encounters*(Cambridge: Cambridge University Press, 2001)도 비슷하다.

17) ed. R. S. Sugirtharajah, *Postcolonialism and Scriptural Reading, Semeia 75*(Atlanta: Scholars Press, 1996).

18) 한국 근대서사에 대한 탈식민주의적 연구는 나병철, 『근대서사와 탈식민주의』(서울: 문예출판사, 2001)를 보라.

상은 종교적인 측면에서는 더하다. 그렇기에 일반적인 탈식민주의 논의와는 별개로 우리는 자체적으로 탈식민주의 논의를 해야 한다. 이 논문은 그것을 위한 한 시도이기도 하다.

Ⅱ. 일본제국주의와 제국주의적 일본교회

일반적인 탈식민주의 논의가 우리 경험에 부적합하다는 것은 일본이 한국을 지배하면서 반서구적인 태도를 보이고 또 동양적인 주체성과 연대성을 강조했다는 사실에서도 입증된다.[19] 종교적으로 일본은 한국을 식민화하는 과정에서 미국과 영국을 비롯한 서구열강들을 적절히 이용했는데, 나중에는 선교사들을 배격하고 동양적이고 일본적인 기독교를 세우고자 했다.[20] 이런 정책은 한국교회에

---

19) 일본은 아시아를 서구와 구분지으려 했고 그 중심역할을 맡고자 했다. "'아시아는 하나'라는 명제로 유명한 오카쿠라 텐신(岡倉天心, 1862-1913)의 구상은 일본의 초기 아시아론으로서 주목된다. 그는 …… 동양의 우위를 주장하며 서양의 식민주의와 그것을 뒷받침하는 산업자본주의로부터의 해방을 꿈꿨다." 백영서, "진정한 동아시아의 거처 - 20세기 한중일의 인식", 최원식·백영서 엮음, 『동아시아인의 '동양'인식: 19-20세기』 (서울: 문학과지성사, 1997), 16. 청일전쟁 이후에 아시아에서 일본이 부상하면서 일본을 맹주로 한 아시아 연대론이 확산했다. 안중근도 아시아 연대론에 근거한 '동양평화론'을 주장했는데, 그는 일본이 중요한 역할을 해주기를 기대했고, 백인종과 대항하기 위해 황인종인 한·청·일이 제각기 자주 독립을 유지하는 대등한 아시아 연대를 꿈꿨다. ibid., 23.
20) 일제는 한국의 민족세력, 특히 기독교 지도자들을 제거하고 한국기독교의 배후세력이라고 할 수 있는 미국선교사들을 축출하려고 했는데, 105인 사건이 대표적이다. Japan Chronicle 특파원, The Korean Cons- piracy Trial, 1912, 윤경로 옮김, 『105인 사건 공판 참관기』 (서울: 한국기독교

즉각적으로 영향을 미쳤다.

> 1918년 황해도 봉산에서 김장호 목사를 중심으로 '조선기독교회'
> 가 창설되었다. …… 이스라엘 백성의 홍해 도하를 바닷물의 간조현
> 상으로 해석하는 등 당시 서구 자유주의 신학적 성서해석을 그대
> 로 채용하여 설교하였다. …… 김장호 목사의 '조선기독교회'는 성경
> 에 대한 미신적 해석을 반대하며 그 같은 신학과 신앙을 주입하는
> 선교사들에 대한 비판의식이 강한 교회였다. …… 조선기독교회가
> 초기에는 이처럼 신학적 자유주의와 '동양적 기독교' 수립에 초점
> 을 맞추었으나 1920년대 중반 이후 '반(反)선교사' 기치를 강하게
> 내세우기 시작했다. 이 같은 반선교사 취지가 1930년대 후반 이후
> 일제의 종교정책에 유합되면서 1940년대에는 김장호가 일제로부터
> '어대전기념장(御大典紀念章)'을 수여받기까지 조선기독교회는 '친
> 일적' 교회로 전락하고 말았다.21)

일본은 본국뿐만 아니라 한국에도 일본기독교를 건설하고자 했으
며, 서양선교사들과 그들의 영향에서 벗어나고자 했다. 그리고 한국
교회가 서구선교사들에 대해서 미묘한 감정을 갖고 있음을 간파하
고 그것을 이용해서 한국교회로 하여금 반선교사적인 태도를 취하
도록 유도했다.

> 기독교에 대하여는 종파가 많고 신교구가 분산되어 있어 중앙집
> 권화가 곤란하기 때문에 '미국선교사의 태도에 반감을 품고 있는
> 자'를 이용해서 '순연한 독립교회를 설립케 하고 민간유지(내지인)
> 의 심복자로 하여금 이를 조종하게 해서 상당한 편의와 원조를 제

역사연구소, 2001), 10-11.
21) 한국기독교사연구회, 『한국기독교의 역사 Ⅱ』 (서울: 기독교문사, 1989,
    1991), 193-194.

공하여 점차 그 확장을 도모케 하여 장래는 총독부 문화정책선전
의 1기관으로 만드는' 방침을 취하였다. <u>이로써 외국인 선교사의
영향력을 배제하였으며 또한 어용적 '일본조합교회'를 확장 동원함
으로써 민족주의자의 배제를 도모하였다.</u>[22]

김장호 목사처럼 서구선교사들에 대해서 비판적이던 한국교회 지
도자들이 여기에 동조했다. 서구에서 온 선교사들이 성서해석을 비
롯해서 거의 모든 면에서 보수적이었고 상당히 권위적이었기 때문
에 선교사들에 대해서 부정적인 견해를 가진 사람들이 있었는데,
이런 반선교사적인 성향이 일본기독교 수립이라는 일본제국주의 정
책과 맞아떨어진 것이다. 이런 일제의 입장은 한국교회 지도자가
쓴 글에서도 선명하게 나타난다.

> 캘비니즘을 양기하고, 메소디즘을 양기(揚棄)하고, 기타 외래의
> 교파적 사상을 파기하면서 여기에 새로운, 이 국토에서 돋아난 기
> 독교를 실현하겠다는 정신이 없이는 기독교회는 진정한 의미에서
> 의 재출발이 되지 않는 것이다. …… 현재의 조선에 진짜 기독교는
> 없다. 죽은 정통주의든가, 무신앙의 모더니즘이든가, 비기독교적 신
> 비주의든가 그중의 어느 것이며, 성서적 신앙을 현대에 살린 진짜
> 기독교는 없는 것이다. …… 조선의 기독교회는 바르고 강한 종교를
> 낳기 위해서 이 국토에서 재생하고, 재출발하지 않으면 안 된다.
> <u>조선의 기독교는 미영 선교사가 남겨놓고 간 골동품으로서 존재해
> 야 하는 것은 아니다. 그것은 현재적(現在的)으로 변모하고, 재생
> 하고, 재출발하지 않으면 안 된다.</u>[23]

---

22) 김운태, 『일본제국주의의 한국통치』(서울: 박영사, 1986, 1999), 267.
23) 최태용, 「조선기독교회의 재출발」, 『동양지광』, 1942년 10월. 김승태,
   『한국기독교의 역사적 반성』(서울: 다산글방, 1994), 438에서 재인용.

이런 유의 발언이 갖는 정치적인 의도를 고려하지 않는다면 매우 주체적인 신앙을 수립하려는 탈식민주의적인 의지로 볼 수도 있다. 기독교를 동양적인 종교로 규정함으로써, 서구일변도에서 벗어나려고 한 것은 우리가 현재 논의하는 탈식민주의적이 시각에서 주목할 만하다.

> 물질문명은 서양에서 더 발달되었고 정신문화는 동양에서 시작되었으니 종교의 대부분이 동양에서 발원(發源)한 것이 사실이다. 속칭하기를 기독교는 서양 종교라 하지만 기독교도 아시아 서변 유태국에서 발상하였으니 구미의 소산은 아니다. 다만 기독의 복음이 동방으로 먼저 전파되지 않고 구미로 돌아서 극동으로 왔기 때문에 도중에서 서양문화의 영향을 많이 받았고 그 형식을 옷 입고 와서 얼른 보기에 서양식 종교로 알게 되었지만 기실은 그렇지 아니(不然)하다.[24]

아직도 기독교와 성서를 서구태생으로 잘못 아는 사람들이 많은 상황에서 이런 주장은 매우 정확히며, 서구에 의해서 형성된 동양 인식, 즉 오리엔탈리즘을 탈피하려는 것으로 볼 수 있다. 그런데 문제는 일제가 동양적 기독교 건설을 표방한 배후에 일본제국주의의 간악한 지배야욕이 감춰져 있었다는 사실이다. "조선감리교단 혁신안 실천 요의"에는 이런 내용이 나온다.

> 과거 2년간 미·영계의 사람들이 어떻게 감리교회의 혁신이나 신학교 합동을 방해했는지는 사실이 증명한다. 그 사람들에 대하여

---

24) 심명섭, 「경신애린의 정신-대동단결로 멸사적 봉공」, ≪매일신보≫ 1941년 9월 12-14일. 김승태, 『한국기독교의 역사적 반성』, 439에서 재인용.

감리교단은 별도로 적당히 처치해 왔는데 그 주요한 사람은 양주삼(대명처분)을 위시하여 윤치호, 류형기(파면처분), 정일형(휴직), 김종만(사직), 김활란, 개성의 우상용 김준옥(사직), 평양의 이환신(파면처분), 배덕영(대명처분) 등으로 모두 미국계의 사람들이다. 지금도 저들은 비밀리에 한 무리가 되어 상통하면서 교단혁신의 진행에 방해할 수단을 강구하고 있다. 아울러 그 반면에 혁신교단을 지지하고 열심히 활동하는 사람들에는 일본에 유학한 사람이 많다는 것은 주목할 만하다. 그 주요한 사람을 들면 교구장 중에 평양의 김종필·정지강, 공주의 안성호, 인천의 김응태, 진남포의 전진규 또한 목사 중에 평양의 정달무·박태진·박병철·전영택 등이나 경성의 김수철·심명섭·김영섭·박연서·홍현설 등은 모두 일본계의 교육을 받은 사람들이다. 그 밖에도 교단혁신에 협력하는 대다수의 사람은 모두 조선 안에서 교육받은 사람이요 미·영계에 유학한 자는 적다. 이로 보면 교단혁신을 방해하는 자는 미·영계의 사상을 가진 사람이라는 것이 증명될 것이다. <u>그러므로 감리교단에서는 금후 혁신을 방해하는 미·영계 사람들은 철저하게 배제하여 미·영 사상에 근절을 꾀하며 일본정신하에 재교육하여 일본적 기독교의 건설에 매진코자 한다.</u>[25]

일제는 종교가 갖는 영향력을 알고 있었고, 또 기독교가 한국민에게 미치는 영향력을 파악하고 있었기 때문에 한국 식민지배를 위해서 교회를 이용하려고 했다. 일제는 3·1운동 이후 1920년에 친일파를 조직해서 이용하는 계획을 세우고 실행했는데, 그 계획 가운데는 친일종교인들을 양산해서 친일단체를 조직하는 것도 들어 있다.

1) 친일분자를 귀족, 양반, 유생, 부호, 실업가, 종교가 등 속에 침투시켜 그 계급과 사정을 참작해서 각종의 친일단체를 조

---

25) 김승태, 『일본강점기 종교정책사 자료집』, 369-370.

직할 것.

2) 종교적 사회운동을 이용하기 위하여 寺刹令을 개정하여 불교
각 종파의 총본산을 '경성'에 두고 그 관장 내지 원조기관의
회장에 친일분자를 배치하는 동시에 기독교에 대해서도 상당
한 편의와 원조를 제공할 것.[26]

그리고 일제는 '일본적 기독교'를 제국주의 건설에 정치적으로 이
용했고 일본교회도 거기에 동조했다. 일본의 모든 교파들이 한국의
일본화, 즉 동화정책을 지지했던 것은 아니지만 모든 교파들이 한
일합방을 인정했다.[27] 특히 일본 조합교회[28]는 한국의 식민지화를
열렬히 지지했을 뿐만 아니라 실제로 한국에 와서 선교활동을 하면
서 한국의 식민지화를 적극적으로 도왔다.

3·1 독립운동의 진압을 강행한 조선군(조선주둔 일본군) 참모
부가 1919(大正 8)년 7월 14일에 제출한 「소요의 원인 및 조선통
치에 있어서 주의해야 될 점과 군비(軍備)에 대하여」의 제2장 12
에 보면 '예수교 일본 조합기독교회로 히여금 적극적 활동을 할 수

---

26) 「齋藤實文書」742, 「朝鮮民族運動ニ對スル 對策」, 김운태, 『일본제국주의
의 한국통치』 (서울: 박영사, 1986, 1999), 256에서 인용.

27) Kenneth M. Wells, *New God, New Nation— Protestants and Self-
Reconstruction, Nationalism in Korea 1896-1937*, 김인수 옮김, 『새하나
님 새민족』 (서울: 한국장로교출판사, 1997), 121.

28) 조합교회의 대표자는 에비나였다. "데라우찌 총독은 이와 같은 동화정책을
시행하기 위해 적극적으로 기독교를 이용하려고 생각하였다. 당장에 한일
합병 곧바로 총독부의 기밀비로부터 연액 6천 엔이란 거액을 이름을 밝히
지 않고 기부했고 일본인으로 하여금 조선전도를 시행하게 하려고 먼저
일본기독교회의 우에무라(植村正久)에게 꺼냈다가 거절을 당한 뒤에 에비
나(海老名彈正)에게 접근, 그에게는 쾌히 승낙을 얻었다. 이 연액 6천 원
(円)의 기부는 1921(大正 10)년경까지 계속되었다."[飯沼二郎·韓晳曦 지
음, 南永煥 역, 『일제통치와 일본기독교』 (서울: 도서출판 영문, 1989,
1993), 102.]

있도록 해야 한다. 이번 소요에 있어 동교회(同教會)에 속하는 교
회원 2만 인 중 소요에 가담한 사람이 한 사람도 없는 이것으로
보아도 가히 종교의 힘이 위대함을 알 수 있다'라는 최상급의 찬사
를 보냈다.[29]

　일제는 한국민의 친일성향을 고취하고 한국민을 황민화(皇民化)
하기 위해서 종교를 적극적으로 이용했고, 이미 어용화된 일본교회
도 여기에 적극 협조했다. 한국교회가 결국 굴복하고 만 신사참배
도 일본교회의 협조 아래 이루어진 한국민의 황민화를 위한 정책이
었으며, 이를 위해 한국교회를 무력화(無力化)시키려는 의도에서
강행되었다.

Ⅲ. 선교사들의 비정치화 또는 친일화에서
　　나타나는 제국주의

　일제는 1930년대 후반에 '동양적 기독교' 수립을 운운하며 서양
기독교 및 선교사 배척운동을 추진하였고, 결국은 1940년대 한국기
독교를 일본기독교에 '병합'시켰다. 이 같은 면에서 1920년대 반선
교사운동이 "일제에 대하여는 한국기독교의 친일화를 유도할 수
있는 통로를 제공할 수 있었다는 점에서 민족운동으로서의 한계점
을 갖는 것"이란 지적도 타당하다고 하겠다. 그러나 1920-1930년대
한국교회의 선교사 비판 내지 배척 운동은 한국기독교인들의 '자

---

29) 飯沼二郎·韓晳曦, 143.

립'과 '자치' 운동의 측면에서 해석하는 것이 온당할 것이다. 복음
수용 1세대가 지나면서 주체적인 한국기독교를 수립하려는 한국기
독교인들의 의지에 대해 일부 선교사들이 근시안적인 관점에서 이
를 불순한 태도로 보았던 것이고 그 때문에 의식 있는 한국기독교
인들에게서 선교사 비판과 배척 발언이 야기되었던 것이다.30)

　선교사들에 대한 한국민의 반감(反感)은 초기부터 있었다고 해야
할 것이다. 그것은 선교사들이 보여주는 신학적 종속화 시도, 즉 그
들이 갖고 있는 제국주의적이고 오리엔탈리즘적인 시각에서 비롯되
었다.31) 선교사들의 공로를 부정할 수는 없지만 그들이 끼친 악영
향도 부정할 수 없다. 선교사들이 들어와서 활동하던 시기가 극히
혼란스러운 시대였기 때문에 선교사들이 어떤 정치적인 입장을 보
이는지가 매우 중요했다. 그것이 한국교회의 가치관 형성, 특히 성
서해석에 중대한 영향을 미쳤기 때문이다. 이처럼 선교사들이 한국
교회신학형성에 중요한 역할을 맡고 있었음에도 선교사들은 신학적
인 폐쇄성, 연소(年少)함과 경험부족,32) 그리고 교파주의로 인한 근
시안적인 시각으로 인해서 한국과 일본의 관계를 충분히 고려하지
못했으며, 결국 일본의 정책에 휘둘릴 수밖에 없었다. 이것은 일제
와 선교사의 관계를 살펴보면 알 수 있다.33)

---

30) 한국기독교사연구회, 『한국기독교의 역사 II』, 175-176.
31) "선교사들의 한국 전통문화에 대한 몰이해 현상은 제2세대 선교사들이 들
　어오는 1920년대에 접어들면서 더욱 두드러져, 미국 본토의 '서구식 기독
　교'를 한국에 이식하려는 선교사들과 한국적 문화 풍토에 맞는 '토착 기독
　교'를 수립하려는 의식 있는 한국인들 사이에 갈등과 마찰이 빚어질 수밖
　에 없었다." 한국기독교사연구회, 『한국기독교의 역사 II』, 149-150.
32) 한국기독교사연구회, 『한국기독교의 역사 I』(서울: 기독교문사, 1989,
　1991), 228-229.
33) 김승태, 「한말 일제침략기 일제와 선교사의 관계에 대한 연구(1894-191
　0)」, 『한국기독교와 역사』 제6호, 67.

1901년 9월 장로회 공의회에서 결의한 "교회와 정부 사이에 교제
할 몇 조건"[34]은 지교회와 교우에게 편지형식으로 전달되었는데,
교회와 국가의 관계에 대해서 제시한 성서구절들은 로마서 13장

시기 구분	주요 역사적 사건	일제의 선교사에 대한 정책 기조	미·일 외교 관계
제1기: 견제기 1894~1905	청일전쟁(1894-5), 러일전쟁(1904-5), '을사늑약'(1905)	일본 외무성의 미·일 외교를 통한 선교사 견제정책	우호적 협력 관계
제2기: 회유·이용기 1906~1910	'정미7조약'(1907), '한일합병'(1910)	통감부의 선교사 회유 이용 정책	우호적 협력 관계의 약화
제3기: 억압·제한기 1911~1919	제1차대전발발(1914), 3·1운동(1919)	총독부의 선교사 억압 제한 정책	동아시아에서의 이권 대립
제4기: 회유·분열 책동기 1920~1935	'만주침략'(1931), 평양신사참배강요 사건(1935)	총독부의 선교사 회유 분열 정책	대립 갈등의 심화
제5기: 탄압·추방기 1936~1945	중일전쟁(1937), 태평양전쟁(1941), 일본의 패전(1945해방)	총독부의 선교사 탄압 추방 정책	극단적인 대립관계

34) 5개 결의안은 다음과 같다. "1. 우리 목사들은 대한나라 일과 정부 일과
관원 일에 대하여 도무지 그 일에 간섭하지 아니하기를 작정한 것이오. 2.
대한국과 우리나라들과 서로 약조가 있는데 그 약조대로 정사를 받되 교
회 일과 나랏일은 같은 일 아니라 또 우리가 교우를 가르치기를 교회가
나랏일 보는 회가 아니오. 또한 나랏일은 간섭할 것도 아니오. 3. 대한백
성들이 예수교회에 들어와서 교인이 될지라도 그전과 같이 백성인데 우리
가르치기를 하나님 말씀 거스름 없이 황제를 충성으로 섬기며 관원을 복
종하며 나라 법을 다 순종할 것이오. 4. 교회가 교인이 사사로이 나랏일
편당에 참예하는 것을 시킬 것 아니오 금할 것도 아니오. 또 만일 교인이
나랏일에 실수하거나 범죄하거나 그 가운데 당한 일은 교회가 담당할 것
아니오 가릴 것도 아니오. 5. 교회는 성신에 부친 교회요 나랏일 보는 교
회 아닌데 예배당이나 교회 학당이나 교회 일을 위하여 쓸 집이오 나랏일
의논하는 집은 아니오 그 집에서 나랏일 공론하러 모일 것도 아니오. 또한
누구든지 교인이 되어서 다른 데 공론하지 못할 나랏일을 목사의 사랑에
서 더욱 못할 것이오." 이만열, 『한국기독교 수용사 연구』, 495. 각주
113번.

1~7절, 디모데전서 2장 1~2절, 베드로전서 2장 13~17절, 마태복음 22장 15~21절, 마태복음 17장 24~27절, 요한복음 18장 36절이었다. 선교사들은 이 성서구절들을 정교분리를 뒷받침해 주는 본문들로 제시했다. 그렇기 때문에 그 결의는 성서를 어떻게 해석할지에 지대한 영향을 미쳤을 것이다. 그리고 선교사들이 소용돌이치는 국제정세와 국내정치 상황에서 한국교회를 보호하기 위해 이런 결정을 내렸다고 해도 이 결정이 내려질 때는 아직 한국인 목사가 한 사람도 나오지 않았기 때문에 모든 결정은 선교사들에 의해서 독단적으로 내려졌으며, 그 결정의 결과에 대해서 선교사들의 책임이 그만큼 막중하다는 사실도 알아야 한다.[35]

선교사들이 보이는 정교분리적인 입장은 1907년 신앙대부흥운동에서 뚜렷하게 나타났으며, 이로 인해 "이 신앙대부흥운동은 한국이 일제의 식민지로 전락하는 과정에서 한국 민족으로 하여금 스스로 민족의 문제를 외면하도록 하는 원인이 되었다."[36]는 지적을 받는다. 신앙대부흥운동의 핵심 인물이었던 미국 북장로교 선교사 블레어(William N. Blair)는 명확하게 정교분리적인 입장을 보였다.

　　우리는 성령의 세계 밖에는 한국 형제들 앞에 놓인 시련을 이길 힘이 없다고 느꼈다. 한국교회는 분리(分離)와 부조화의 죄를 뉘우칠 필요가 있으며 참교인이 된다는 것은 예수를 믿고 하나님의 뜻

---

35) "우리는, 한국인 목사가 아직 한 사람도 나오지 못했던 그때 선교사들만으로 행한, 교회의 비정치화를 의미하는 저 결의의 배경과 그 후의 영향에 대하여 확실히 모른다. 분명한 것은, 장로교회가 거교단적으로 이러한 결의를 하여 신자들을 설득하지 않으면 안 될 상황에 처하였다는 점이다." 이만열, 『한국기독교 수용사 연구』, 495.
36) 한규원, 『개화기 한국기독교 민족교육의 연구』(서울: 국학자료원, 1997), 188-189.

을 따르는 데 있다고 생각한다. 우리는 한국교회가 하나님의 거룩
한 비전을 가지고 비통한 영혼들이 이미 소망이 없는 나랏일을 잊
고 주님과의 높은 인격적 관계를 맺어야 할 것을 느꼈다[37].

이렇듯 선교사들이 애초부터 정교분리적인 입장을 취했기 때문에
그들은 대체로 한국과 일본의 관계에서 친일적인 성향을 보일 수밖
에 없었고,[38] 일제의 회유정책[39]에 쉽게 빠져들었다. 그런데 이런
선교사들의 태도는 애국과 충정으로 가득했던 초기 한국의 기독교
인들과는 거리가 멀었다.[40] 한국교회가 처음부터 현실 문제를 회피
했던 것은 아니기 때문이다. 오히려 한국교회는 태동 당시부터 민
족적이고 애국적이었다. 그 한 예로, 1896년 9월 2일 고종 황제의
탄신기념일을 맞이해서 새문안교회는 '황제탄신축가'를 만들었다.

   1. 높으신 상주(上主)님 자비론 상주님 긍휼히 보소서

---

37) W. N. Blair, *Gold in Korea*(New York: Presbyterian Church in the U.
   S. A., 1957), 63.
38) "장로교 내에서 비교적 친일 선교사로 지목된 게일은 1907년을 전후한 한
   국인의 항일 운동을 '위조애국(僞造愛國)의 미친 듯한 광란'으로 표현하였
   다. 감리교의 스크랜튼, 존스 및 해리스 감독도 친일적인 입장에 섰던 것
   으로 보인다. 이들은 '정치는 통감이, 정신적 교화는 종교가 맡아야 한다'
   는 통감부의 정책에 깊이 동조하고 있었다. 정·교의 분리를 의미하는 총독
   부의 이 방침은 당시 한국인에 의한 가장 강력한 조직체의 하나로 등장한
   교회를 정치에서 소외시켜 한국의 독립 배일(排日)운동을 저지시키려는
   것"이었다.(이만열, 『한국기독교 수용사 연구』, 505)
39) "일제는 그들이 한국을 지배하는 데 방해가 되는 선교사들은 한국 땅에서
   추방해야 하다는 논리를 전개하면서도, 그와는 반대로 한국국민의 민족의
   식을 약화시키기 위한 수단으로 이용하기 위하여 친일의 서구인과 선교사
   들을 상대로 회유정책을 펴 나가기 시작하였다."(한규원, 177)
40) 초기 한국기독교인들의 민족의식과 그것을 위험시한 선교사들 사이의 갈
   등에 대해서는 이덕주, 『초기한국기독교사연구』(서울: 한국기독교역사연
   구소, 1995), 173-215(「초기한국기독교인들의 민족의식에 관한 연구-
   구세군 입교동기와 〈구세군가사〉를 중심으로」)를 보라.

이 나라 이 땅을 지켜 주옵시고 오 주여 이 나라 보우하소서
2. 우리의 대군주 폐하 만세 만세로다 만만세로다
복되신 오늘날 은혜를 내리사 만수무강케 하여 주소서
3. 상주의 권능으로 우리의 대군주 폐하 등극하셨네
이 나라 이 땅은 영세불멸하겠네 대군주 폐하께 만만세로다
4. 상주님 은혜로 이 나라 독립하였네 우리들
백성은 상하반상(上下班常) 구별 없이 오 주여 상주님 기도하
겠네
5. 홀로 한 분이신 만왕의 왕이여 찬미받으소서 상주님 경배
하는 나라와 백성들 국태민안 부귀영화 틀림없이 받겠네[41]

한국기독교가 보여주는 이런 민족적인 성향은 기독교인들이 주도
적으로 참여한 3·1운동에서 명백하게 드러난다. 3·1운동에 수많
은 기독교인들이 참여했고, 기독교 지도자들이 이 운동을 주도적으
로 이끌어갔다는 사실은 1901년에 선교사들이 내린 교회의 비정치
화 결의가 한국교회에 그대로 수용되지는 않았음을 보여준다.

3·1운동은 일제의 무단적 식민통치를 근본에서부터 붕괴시키고,
한민족의 독립의지를 온 세상에 알린 거족적인 항일민족 독립운동
이었다. 기독교인들이 이 운동에 적극적으로 참여하게 된 것은 구
한말 이래의 기독교 민족운동의 전통과 민족구원을 열망하는 애국
적 신앙에 그 뿌리를 두고 있다. 성서를 통하여 정의·자유·평
등·해방 등의 이념을 체득한 기독교인들은 비기독교 국가인 일본
의 지배를 받게 되자 그들의 기만적인 정교분리정책에도 불구하고
성서를 토대로 한 신앙의 기초 위에서 항일민족운동에 적극 참여
하였던 것이다. 그리고 이를 통하여 민족의 고난에 동참하는 신앙

---

41) 『새문안교회 70년사』 (서울: 새문안교회, 1958), 33-34. 한규원, 314에서 재
인용.

의 전통을 수립하였다.[42]

기독교인들은 3·1운동에 적극적으로 참여함으로써 대중적인 지지를 얻었고, 이를 통해서 많은 사람들을 교회로 끌어들일 수 있었다. 물론 선교사들이 3·1운동 과정에서 한국교회를 위해 많이 힘썼지만 그렇다고 그들이 이 운동을 주도하거나 지원하지 않았고 오히려 비정치화를 촉구했었기 때문에,

선교사들은 놀라고 있었다. 자신들의 지시(?)가 없음에도 불구하고 한국교인들이 자발적인 민족신앙을 표현하는 데 있어 조금은 기이한 시각을 가졌다. 그리고 주일날의 국기계양은 주일이 지닌 '나라를 위해 기도하는 날'이라는 한국인들의 개념을 파악하고 그들의 나라에 대한 애틋한 존경까지를 파악하고 있었다. 이러한 초기의 입장은 한일합병기를 전후해서 심각한 우려의 입장으로 바뀌었고 앞서 언급한 바와 같이 1907년의 '대부흥운동'의 진행 과정에서 한국 선교사들은 한국교회 '비민족화'의 과정을 면밀히 추진해 갔다는 해석이 가능할 정도의 행동을 나타낸다. 이러한 주류 선교사들의 전체적인 입장은 3·1운동을 거쳐 일제 말기에 이르기까지 큰 변화를 보이지는 않는다.[43]

이런 것을 보면 한국교회는 애초부터 민족주의적이고 애국적이었는데, 선교사들에 의해서 그리고 일제에 의해서 정교분리적인 성향을 주입받았음을 알 수 있다. 이렇게 초기부터 정교분리적인 모습을 보이던 선교사들은 1920년대 일제의 선교사 회유정책으로 인해

---

42) 한국기독교사연구회, 『한국기독교의 역사 II』 (서울: 기독교문사, 1990, 1991), 40.
43) 서정민, 「근대 아시아에서의 선교사 문제」, 『한국기독교와 역사』 제5호, 237-238.

서 상당수가 친일적인 경향으로 흘렀다.

　조선총독부 學務局에 '宗敎課'를 신설해서 종교행정과 제반조사 및 선교단과의 연락을 담당하게 하였다. 뒤이어 포교규칙을 개정 (1920년 4월)하여 교회당, 실교소, 상의소의 설립을 허가제로부터 계출제로 변경함으로써 선교사의 환심을 샀다. 또한 선교계 사립학 교에 있어서 성서의 敎授를 공인 제도화하여 외국인 선교사의 호 감을 사기도 했다. 그리고 1920년 '종교 및 제사를 목적으로 하는 재산'에 한에서 이를 民事令에 의한 공익법인으로서 그 기본재산관 리·유지의 편의를 도모하였다. <u>이와 같은 일련의 조치는 선교사로 하여금 친일경향으로 전향시키는 중요한 계기가 되었다. …… 사실 상 齋藤實의 선교사 회유정책으로 선교사의 친일적 경향은 급속히 촉진되어 교회도 한때 일부 민족주의자의 피난처가 되었지만 다시 는 이러한 역할을 기대할 수 없기에 이르렀다.</u>[44]

Ⅳ. 일본제국주의의 구약말살정책

　지금까지 일본교회와 한국에 온 선교사들이 직·간접적으로 일본 제국주의에 어떻게 협조했으며, 그것이 한국교회신앙형성, 특히 성서 이해에 어떤 영향을 주었는지를 알아보았다. 이제는 좀더 구체적으로 일본제국주의가 한국교회의 구약성서이해에 미친 영향을 살펴보기로 하겠다. 초기부터 한국교회는 성서를 사랑하는 교회로 소문났다.[45]

---

44) 김운태, 296-297.
45) 문희석, 『한국교회구약성서해석사 1900-1977』(서울: 대한기독교출판사,

선교사가 공식적으로 입국하기 전에 만주와 일본에서 성경이 부
분적으로 번역되고 있었다. 이 점은 그 뒤의 한국기독교의 성격을
규정하고, 중요한 역사적 조건이 되기도 했다. 기독교가 성경에 기
반을 두고 있었다는 성경지상주의적 성격이 이러한 전통 속에서
자리잡혀 갔다고 할 것이다. 한국기독교는 성경을 읽히는 데서부터
기독교의 터를 잡아갔다.46)

1907년 대부흥운동도 성서연구를 통해서 시작되었고, 또 성서연구
를 신앙생활에 필수적인 것으로 자리잡게 했다.47) 사경회가 한국만
큼 성행한 곳은 세계 어느 곳에서도 찾아보기 어려울 정도이다.48)

그런데 현재 우리가 성서를 읽는 방식은 여러 가지 영향을 받았
지만 특히 일본제국주의에 의한 식민지배경험이 한국교회 성서읽기
방식에 큰 영향을 미치는 요소 가운데 하나이다. 한국교회는 구약

1978, 1982), 7. 초기 한국교인들은 급변하는 국제정세로 인해서, 특히
청일전쟁으로 인해서 시골로 피난하면서도 성서와 전도책자를 가지고 갔
다. Daniel L. Giford, *Everyday Life in Korea- A Collection of Studies
and Stories*, 심현녀 옮김, 『조선의 풍속과 선교』(서울: 한국기독교역사
연구소, 1995, 1996), 150.

46) 이만열, 「한말·일제하 기독교 사회운동의 맥락」, 백종국 편저, 『한국기
독교인의 정치의식과 민주화』(서울: 생명의 말씀사, 1994), 33-34.

47) 이영헌, 『한국기독교사』(서울: 컨콜디아사, 1978, 1983), 119. 백낙준,
『한국개신교사 1832-1910』(서울: 연세대학교 출판부, 1971, 1991),
394.

48) 문희석, 7. "한국교회에서의 부흥회는 1900년대 초부터 널리 확산되기 시
작했으며 한국교회의 한 특성이 될 정도로 오늘날까지 대부분의 교회들에
서 행해지고 있다. 부흥회의 양식은 대체로 1900년대 초에는 성경공부와
부흥회가 결합된 사경 부흥회가 주류를 이루다가 1920-1930년대에는 내
세의 소망을 강조하는 심령 부흥회, 1950년대 이후에는 성령체험과 전도
에 강조점을 둔 전도 부흥회가 유행하였다." 김홍수, 『한국전쟁과 기복신
앙확산연구』(서울: 한국기독교역사연구소, 1999), 164. 1920년부터 성경
공부가 약화되었다는 점에서 이것 역시 일제의 영향 때문일 수도 있다.

보다는 신약을 더 좋아한다. 설교자들도 설교할 때 구약보다는 신약을 선호한다.[49] 그런데 이런 경향 배후에 일본제국주의의 영향이 있다는 것이 이 논문의 주제이다. 원래 한국교회는 구약적 속성이 강했다.[50]

일제 치하 성탄은 예수 탄생의 기념축제였지만 언제나 모세의 출애굽 테마가 연극으로 연출되곤 하였다.[51] 한국의 비운이 이스라엘의 오랜 삶과 역사에 직접 비교되었기 때문이다. 기독교는 한국에서 '탈이스라엘'의 구조보다 '이스라엘화'가 훨씬 생동적으로 수용될 입지에 놓여 있었다. 생활관습이나 그 수탈과 붕괴, 포수(捕手)의 쓰라림이 피차에 병행한다고 보아 '제2의 이스라엘', '동양의 예루살렘'과 같은 유비(類比)가 돋보였다.[52]

성탄절에 신약성서를 소재로 연극을 하지 않고 구약성경, 특히 출애굽 사건을 소재로 연극을 했다는 것에서 일본제국주의에 의해 가혹한 식민지배를 받으면서 한국기독교인들이 얼마나 구약성서를 사랑했는지 알 수 있다. 한국기독교인들은 구약성서를 읽으면서 이스

---

49) "예를 들어 조용기 목사 설교전집 전 21권의 총 780편의 설교를 분석해 보면 구약본문이 193회로 전체 중 25%, 신약이 587회로 전체 중 75%를 차지하고 있음을 볼 수 있다." 서정민, 『일본기독교의 한국인식 — 기독교회와 민족국가 관계론 연구』 (서울: 도서출판 한울, 200), 112, 각주 5번.

50) 성서를 보면, 분명히 구약이 앞에 있고 신약이 뒤에 있는데도 우리는 순서에 따라서 '구신약'이라고 하지 않고, '신구약'이라고 한다. 이것은 구약보다 신약을 더 중시하는 성향을 반영한다. 그렇지만 한국교회가 처음부터 '신구약'이라고 한 것은 아니다. 양주삼이 1916년에 발표한 논문제목을 '구신약전서총론'이라고 했는데, 이런 사실로 미루어 볼 때 일제 시대를 거치면서 구신약이라는 용어가 신구약으로 바뀐 것으로 보인다.

51) "유대 역사 속의 사건들은 기독교 학교들의 연극에 흥미 있는 주제가 되었다." Kenneth M. Wells, 154.

52) 민경배, 「일제의 한국침략과 한일교회 관계」, 『일제하의 한국기독교 신앙·민족운동사』 (서울: 대한기독교서회, 1991), 74-75.

라엘 역사와 한국역사를 동일시했고 위로를 받았던 것이다. 한국기독교인들은 구약성서를 읽으면서 자신들의 정체성을 명확하게 했다.

이동휘는 "사랑하는 형제들아! 우리는 구약의 이스라엘처럼 하나님께 헌신된 민족이다. 우리가 어디를 가든지 우리는 [하나님께] 이런 우리의 적당한 봉사(자기희생)를 해야 한다."고 기록하였다. 동경의 YMCA의 연설에서 한 한국 학생이 "한반도의 상황은 유대의 이스라엘 민족의 상황과 너무도 유사하게 정말 비참하며, 기독교를 통하지 않고는 한국을 구할 길이 없다."고 진술하였다.[53]

이처럼 당시 한국기독교인들은 자신들을 이스라엘의 남은 자와 동일시하고, 성직자들은 교인들에게 애국심을 고취하기 위해서 에스더, 에스라, 느헤미야를 내용으로 설교했다.[54] 일본인인 사카모토도 한국교회의 유태적 정체성을 상세하게 논했다.

오늘날 한국의 환경 및 열국과의 관계를 보니 마치 예언자 이사야 시대의 유태의 그것과 유사함을 본다. 이천육백 년 전 아시아의 극서(極西)에 있었던 역사적인 현상이 이천육백 년 후 아시아의 극동(極東)에 다시 나타남은 아주 흥미 있는 일이다.[55]

사카모토는 한국기독교인들이 이스라엘과 자신들을 동일시하고, 거기서 자신들의 정체성을 발견하는 것을 보고 매우 경이롭게 여겼다. 그리고 사카모토는 이어 에스겔의 환상과 사명, 그 역할을 들어 한국과 이스라엘 역사의 유사성을 상세히 논하고 이스라엘에 내린

53) Kenneth M. Wells, 153.
54) *ibid.*, 154.
55) ≪복음신보≫ 522호 1905년 6월 29일자.

곤고가 다시 희망으로 전개될 섭리적 경륜을 발견하였다.56) 이렇듯
한국교회는 한민족과 이스라엘민족을 동일시하고 감정이입했다. 임
영신은 자신이 에스더 왕비의 역할을 하면서 고대 이스라엘인의 감
정을 경험했다고 말한다.

> 내가 무대를 걸어 다니며 소녀들과 부모 청중들을 둘러보았을
> 때 나는 변화되었다. 내가 그렇게 조심스럽게 연습한 말들은 새로
> 운 의미로 다가왔다. 그 말들은 과거뿐 아니라 현재에도 적합한 것
> 으로 보였다. 내가 아하수에로 왕에게 히브리인들을 구해 줄 것을
> 간청하였을 때, 그 말은 한국을 위한 애원이 되었다. 그리고 나의
> 의도의 의미는 …… 청중들에 의해 분명하게 이해되어졌다.57)

이런 감정을 한두 사람이 경험한 것이 아니었다. 거의 모든 한국
기독교인들이 동일한 경험을 했던 것으로 보인다.

> 그러므로 한국의 기독교인들은 구약성서는 읽으면 읽을수록 마
> 음이 흥분되있고 사신노 모르는 사이에 저절로 눈물이 흘러내렸다.
> 그러고는 우리도 이스라엘 민족과 같이 대적과 싸워야 하겠다고
> 결심을 다짐하였다.58)

선교사들 가운데 타마자(Talmage)도 구약에 깊은 관심을 보였는
데, 평소에도 구약성서를 열심히 연구했으며 감옥에 갇혀서도 구약
성서를 읽었고, 구약을 통해서 환란을 이겨냈다.

> 60년 세월이 지나왔다. 그동안 나는 여러 각도에서 구약성경이

---

56) 서정민, 『일본기독교의 한국인식』, 115.
57) Kenneth M. Wells, 154.
58) 김광수, 『한국기독교수난사』(서울: 한국교회사연구원, 1978), 20.

공격당하고, 또 공격당하는 소리를 들었다. 구약을 불신하는 이론
들이 쭉 제기되어 왔다. 그러나 이 이론들은 바위를 때리는 파도처
럼 시끄럽게 부서져 거품을 남길 뿐이었다. 구약성경이 폭풍에 시
달려 오는 동안 구약에 대한 내 믿음이 자라났다. 나는 대학과 신
학교에서, 또한 외국의 선교현장에서 구약성경을 증험했다. 그러한
증험은 역사, 고고학, 언어학, 과학, 인류학, 비교종교학 그리고 개
인 경험의 관점에서 이루어졌다. 구약은 나에게 깊은 믿음과 매력
을 주었다. 나는 3~4천 년 전에 하나님에 대해 말하는 내용이 오
늘도 절대 진리라는 것을 알았다. 그것은 우리에게 불변의 하나님
이 있다는 사실을 막힘없이 보여주고 있다. 이교도 일본에 의해 몇
개월을 갇혀 있는 동안 나는 신약성경보다 구약성경을 더 자주 펼
쳐 보았다. 거기에서 나는 내게 무례하게 구는 이교도와 싸우면서
용기와 위로를 받을 수 있었기 때문이었다.[59]

　주제에서 약간 비켜가지만, 한국교회 지도자들에게 많은 영향을
준 우치무라 간조(內村鑑三)도 미국에서 신학을 공부할 때 구약 예
언서, 그중에서도 예레미야서를 읽고 크게 감동받았다.

　　우치무라에게 큰 영향을 준 것은 구약성서의 의(義)의 정신이었
　다. 구약성서의 하나님의 의(의) 없이는 신약성서의 하나님 사랑은
　성립될 수 없다고 본 우치무라는 말하기를 "나는 그리스도와 사도
　들로부터 나의 영혼의 구원을 배웠고 예언자들로부터는 나의 나라
　의 구원을 배웠다."고 하였다. 또 우치무라는 예레미야가 고독과
　허무를 하나님의 사랑으로써 극복할 수가 있었음을 깨달았다. 이와
　같은 정신적 지탱이 있었기 때문에 예레미야는 유다왕국에 대한

───────────

59) John Van Neste Talmage, *A Prisoner of Jesus Christ in Korea - The
　First Step of Early Christian Mission in Korea*, 마성식·채진홍·유희경 옮
　김, 『한국 땅에서 예수의 종이 된 사람』 (서울: 한국장로교출판사,
　1998), 157-158.

자기의 임무를 다하는 동시에 하나님에 대한 자기의 책임을 다할
수가 있었다. 우치무라는 예레미야서에서 신앙과 애국을 일치시킬
수 있는 논리구조를 발견하였던바 그는 '칙어 사건' 이후의 자기의
고독이 바로 예레미야의 그것임을 발견하였던 것이다.60)

우치무라 간조의 성서관과 애국관은 그의 한국인 제자들에게 직
접적인 영향을 미쳤다.61) 우치무라 간조에 대해서는 비판적으로 재
평가할 여지가 있지만 아무튼 선교 초기에 한국교회는 구약에 매우
깊은 관심을 보였는데, 그런 경향이 아쉽게도 일제 시대를 거치면
서 신약 위주로, 그것도 4복음서 위주로 흘러갔다.

　　일제 통치기의 한국교회, 즉 이른바 '민족교회시대'로 규정되는
　　시기의 한국교회 강단은 비교적 구약설교의 비중이 높았던 것은
　　여러 자료에서 입증된다 …… 이에 일제 말기로 들어서면서 일제당
　　국은 민족주의 고취라는 이유로 교회에서의 구약의 상고, 강독을
　　금지시키고 결국에는 신약 중에서 4복음서만을 사용하도록 한 극
　　단적 조처까지 내렸던 경우를 볼 수 있다 …… 해방 이후 한국교회
　　강단의 설교는 급격히 신약중심으로 경사되었다.62)

이런 그릇된 경향은 한국교회를 무력화(無力化)하려는 일본제국
주의 정책에 의한 것이다. 일본은 애초부터 기독교를 긍정적으로

60) 윤혜원, 『일본기독교의 역사적 성격』 (서울: 한국기독교역사연구소, 1995),
　　162.
61) 물론 우치무라 간조는 일본인이었고, 다른 사람들에 비해서 한국에 우호
　　적이었다고 해도, 그 역시 궁극적으로 일본의 침략정책을 옹호했다는 점에
　　서 다시 평가받아야 할 것이며, 그가 한국인 제자들에게 미친 영향도 비판
　　적으로 재고해야 할 것이다. 한숭홍, 『한국 신학사상의 흐름 Ⅰ』 (서울:
　　한국신학사상연구원, 1991), 72.
62) 서정민, 『일본기독교의 한국인식』, 112, 각주 5번.

보지 않았는데, 특히 유대교와 구약에 대해서 상당한 반감을 갖고 있었다. 그 이유는 유대교와 구약성서가 일본의 천황제도에 걸림돌이 된다고 생각했기 때문이다. 일본기독교는 일본 정부의 입장을 그대로 수용했다.

> 일본기독교는 출발단계에서는 철저한 '정교분리', 예수복음 중심의 '신약적 신앙'을 목표로 삼았던 것은 분명하다. '로마의 것과 이스라엘 것'의 분리, '내재적 신앙'과 '역사'와의 분리도 나타난다. 때로는 구약적이라거나 유태적인 사상 자체를 '악'으로 규정하는 분위기가 팽배하기도 하였다. 이러한 일본기독교 안팎의 신학적 조류에 따라 일본 내에서든지, 혹은 한국교회에 대해서든지 '유태적'이라는 개념은 일본의 국체에 맞지 않는 것, 기독교 신앙의 정수에도 맞지 않는 것으로 단정하는 입장이 강했다.[63]

일본 정부와 일본 기독교는 이런 반유대적·반구약적 성향을 한국교회에 심기 위해서 애썼다. "조선예수교장로회의 특성"이라는 글은 유대 역사를 아브라함으로부터 그리스도 시대까지를 다루면서 이렇게 말한다.

> 원래 기독교의 모체가 되는 유태민족이라는 것은 대개 민족적 결벽성·우월감·혁명사상을 가진 자로서 그 성격은 기독교 교리 가운데도 농후하게 나타나고 있는데 …… 유태민족이 가진 천재적인 혁명사상은 이렇게 오랜 세월에 걸쳐 그들 역사에서 배양된 것으로 그들의 혁명 수단이 참으로 악마의 영이 만든 것처럼 생각될 정도로 극히 교묘한 까닭이 실로 여기에 있다고 해야 할 것이다.[64]

---

63) *ibid.*, 109.
64) 김승태 편역, 『일제강점기 종교정책사 자료집-기독교편, 1910-1945』 (서울: 한국기독교역사연구소, 1996), 336-338.

이 글을 보면, 일본인들의 반유대적·반기독교적 정서가 얼마나 강한지 알 수 있다. 그리고 "일본기독교 조선장로교단 실천요목"에는 교회혁신을 위한 규정이 있는데, 그 가운데 구약성서와 유대교에 대한 것도 나온다.

11) 일본기독교를 확립하기 위하여 특히 전문가로서 일본교학의 연찬에 노력하고 일본적 신학을 수립시킬 것.

12) 말세·심판·재림 등은 세상적·물질적 해석을 고쳐 그것을 종교적·심령적으로 해석할 것.

13) 구약성서에 나타나는 비기독교적 유대사상을 시정하기 위하여 그 적당한 해석교본을 편찬할 것.

14) 전시에 있는 반도 교화의 실을 거두기 위하여 신앙 부흥 및 전도 진흥의 구체적 방법을 강구할 것.

15) 신도필휴·신찬미가·기도문 및 예전 요의(要義) 등을 편찬할 것.

16) 국어(일본어) 상용을 극력 장려할 것.

17) 예배당은 신축 또는 개축할 경우 일본적 양식을 고려할 것.

18) 예배 혹은 집회 양식에 대하여는 연구를 진행하여 될 수 있는 한 일본적 풍습을 채용할 것.65)

일본적 기독교 수립을 위해서, 또 한국기독교를 일본제국주의의 착실한 지지세력으로 만들기 위해서 이런 규정을 정하고, 특히 구약성서를 일본제국주의에 유리하게 해석하도록 하기 위한 지침을 담은 교본까지 마련하려고 했다는 사실에서 일제가 얼마나 구약성서에 대해 민감한 반응을 보였는지 알 수 있다. 이것은 한국교회가 그만큼 구약에 심취한 구약적 기독교였음을 반증한다. 일제는 한국교회가 구약성서를 통해서 자신들의 정체성을 확립하고 애국심을

---

65) 「조선야소교 장로회 총회상치위원회의 전말」, ≪基督敎新聞≫, 1943년 10월 6일자. 김승태, 『일제강점기 종교정책사 자료집』, 365-366.

고취하며 반일감정을 북돋운다는 것을 잘 알았기 때문에 한국기독
교인들이 구약성서를 아예 읽지 못하게 했다.

> 특히 이와 같은 분위기는 제2차 세계대전 기간 유태인 적대의 독
> 일 나치 정권과 일본이 동맹적 관계에 있으면서 더욱 고조되었고,
> 그 영향은 한일 기독교의 변질화 종용에도 크게 작용하였다. 심지어
> 한국에서는 일제 말 구약성서의 강독 금지, 이스라엘 민족구원사와
> 관련하여 신앙고백된 찬송가의 찬양 금지 등으로까지 나타났다.[66]

이런 상황이었기 때문에 일제말기로 갈수록 한국교회는 구약성서
로 인해서 많은 어려움을 겪었다. 일본은 한국기독교를 자신들의
뜻에 따라서 통합시키려고 했고, 혁신교단을 조종하면서 한국교회
가 구약성서를 바르게 읽지 못하게 했다.

> 그러나 제2차 합동준비위원회에서 감리교단 측으로부터 소위 혁
> 신기독교단에 관한 12개조의 혁신안이 제출되어 이에 대한 수정안
> 이 의결되자 원안 통과를 주장하는 감리교 측이 준비위원회에서
> 탈퇴하여 결렬되었다. 여기서 논쟁의 초점이 되었던 것은 구약을
> 시인하느냐 않느냐는 것이었다. 즉 혁신교단은 "신약성서를 기초로
> 하여 교의를 선포하고 구약성서에 나타난 유대사상을 일체 없애기
> 위하여 구약성서의 새로운 해석교본을 제정"하고 이것으로 신도를
> 가르칠 것을 주장하였던 것이다. 이것은 사실상 구약성서의 폐기를
> 의미하는 것이었다.[67]

한국교회 지도자들은 일제의 강경한 요구를 거부할 수 없었다.
1943년 12월 29일에 나온 "성결교 해산 성명서"를 보면, 성결교는

---

66) 서정민, 『일본기독교의 한국인식』, 109, 각주 1번.
67) 김승태, 『한국기독교의 역사적 반성』(서울: 다산글방, 1994), 151-152.

지금껏 미국인 선교사의 지도를 받고 재정적으로도 의존해 온 것을
반성하고, 또 성서해석에도 문제가 있었다고 자백한다.

> 더구나 교리로서 신생(新生), 성결(聖潔), 신유(神癒), 재림(再
> 臨)의 네 가지 가운데 복음을 고조하여 왔는데 그 가운데(就中)
> 재림의 항은 기독이 가까운 장래 육체로써 지상에 재림하여 유태
> 인을 모으고 건국하여 그 왕이 될 뿐 아니라 만왕(萬王)의 왕인
> 자격으로서 전세계 각국의 주권자로부터 그 통치권을 섭정(攝政)
> 하여 이를 통치한다는 것으로 근본적으로 국체의 본의에 적합하지
> 못할뿐더러 신관(神觀)에 대하여도 성서의 해석에 기초하여 '여호
> 와' 이외에 신이 없다는 사상을 선포하여 온 것은 현재 우리들(我
> 等)의 심경으로 보면 실로 국민 사상을 혼미(昏迷)에 빠뜨린 것으
> 로 그 죄를 통감하는 바입니다. 우리들은 최근 이 점에 깊이 깨달
> 은 바 있어 여하히 하여 성서의 해석을 우리 국체의 본의에 적합
> 케 할 것이냐에 관한 연찬(硏鑽)을 거듭하여 왔으나, 필경 성서는
> 그 기지(基址)를 유태사상에 두어 우리 국체의 본의에 배반하는
> 기다적(幾多的) 치명적 결함을 포장하는 것으로서 성서 자체로부
> 터 이탈치 못한다면 완전한 국민적 종교로서 성립하지 못할 것으
> 로 결론에 도달하였다.[68]

물론 일제의 강요에 의해서 작성되었겠지만, 그렇다고 해도 한국
교회가 역사에 남을 이런 공식문서를 작성했다는 것은 참으로 부끄
러운 일이다. 특히 한국교회 구약성서이해에 있어서 지울 수 없는
오점을 남겼다고 할 수밖에 없다. 이런 정도로 일제는 한국교회가
구약사상을 수용하는 것을 막으려고 했다. 한편 한국교회의 친일인
사들은 구약성서를 일본제국주의적인 시각에서 읽게 하려는 일본

---

68) 『東洋之光』 1944년 2월호, 49쪽. 김승태, 『일본강점기 종교정책사 자
   료집』, 384.

정부의 지시를 충실히 시행해서, 구약성서를 통해 친일사상을 전파하려고 했다. 강백남은 구약 출애굽기에 나오는 십계명을 강론하면서 신사참배는 결코 우상숭배가 아니라고 주장했다.

> 북미합중국의 워싱턴 동상이 있는데 합중국 국민으로는 그 동상에 경의를 표하지 않을 수 없고, 합중국 국기에 합중국 국민으로 누구나 다 경의를 표합니다. 합중국은 기독교국이니만치 기독교인이 대다수입니다. 그러면 그들은 다 우상숭배자로 간주합니까. 그렇지 않습니다. 그렇다면 대일본 황국신민만이 국조숭모(國祖崇慕)하는 의식에 기독교인이 어찌 참례할 수 없으며 황국(皇國)을 대표한 일본 국기에 경의를 표함이 어찌 기독교인에게 죄가 되겠습니까. 전화위복(轉禍爲福)하는 자 있으나 기독교인은 그러한 의미에서 참배함은 절대로 아니요 국가의식에 국민의 의무로서 참례(參禮)함이 당연한 줄로 각오(覺悟)하고 시인(是認)한즉 양심이 평안하고 충군애국지심(忠君愛國之心)이 날이 감을 따라 두터워집니다. 사신우상(邪神偶像)은 금수 곤충 어별(魚鼈)의 형상으로 된 것인데 어찌 우리의 조상이 그 우상과 동류(同類)가 될 수 있으랴? 그런즉 신사참배하는 일을 우상숭배라고 한다면 이(此)는 불경죄(不敬罪)에 가깝다고 말하여 둡니다.[69]

이들은 구약성서뿐만 아니라 신약성서도 인용하면서 일제의 한국 침략을 합리화하기 위해 애썼다. 한국인들이 앞장서서 식민주의적으로 성경을 해석한 것이다. 한국인으로서 구약에 관한 논문을 최초로 쓴 영광을 누린 양주삼(梁柱三, 감리교 협성신학교 교수)은 "신동아 건설과 반도인 기독교도의 책임"라는 글에서 이렇게 말했다.

---

69) 『청년』 9, 10호, 1939년 2-3월호. 김승태, 『한국기독교의 역사적 반성』, 410.

기독교의 설립자라고 칭할 만한 사도 바울은 자기가 로마제국의
공민(公民)이 된 것을 영광스럽게 여기고 자랑하였습니다. 그와 같
이 반도인들은 대일본제국의 신민이 된 것을 영광스럽게 여기고
자랑할 것입니다. 그것이 반도인의 유일한 활로입니다. 반도인들은
이 기회에 죽은 과거를 청산하고 산 장래를 위하여 활동하여야 되
겠습니다. 선각자가 된 기독교도들은 민중에게 이 활로를 지시할
책임이 있습니다.[70]

양주삼을 비롯해서 일본제국주의에 협조한 친일적인 조선기독교
지도자들은 사도 바울이 유태인이면서도 협소한 민족주의를 버리고
로마제국의 시민임을 자랑스럽게 여겼고, 또 이름도 로마식으로 창
씨개명한 것처럼 조선기독교도들도 당연히 그렇게 해야 한다고 주장
하고, 당시 로마를 중심으로 전세계 교통이 통하는 것처럼 지금은 누
구나 대일본제국의 길을 밟고 다닌다고 말했다. 그리고 바울이 헬라
어를 사용하고 신약성경도 헬라어로 기록했던 것처럼 우리도 국어인
일본어를 반드시 사용해야 한다고 말한다.[71] 그리고 여기서 한걸음
더 나아가 일본의 한국지배를 신의 뜻으로 본 사람도 있었다. 최태용
은 "조선기독교회의 재출발"이라는 글에서 이렇게 말했다.

그리스도는 그 제자들이 이스라엘의 회복을 희망하며 따르는 것
에 대해서 "나의 나라는 이 세상의 것이 아니다"(요한복음 18:36)
하면서 이를 물리치고, 영적 사명에 적합하도록 그들을 정결히 하
여, 그들을 종교적 사명을 달성하는 세계의 사도로 하였던 것이다.
즉, 그리스도는 그 제자들이 로마의 주권에 복종하면서 그 종교적

---

70) 김승태, 『한국기독교의 역사적 반성』, 432.
71) 김종대, 「조선기독교의 진로」, 《장로회보》 1941년 5월 28일, 6월 4
     일, 18일자. 김승태, 『한국기독교의 역사적 반성』, 449-451에서 재인
     용.

사명을 달성하도록 인도했던 것이다. 조선을 일본에 넘긴 것은 신(神)이다. 그러므로 우리는 신을 섬기듯이 일본국가를 섬겨야 한다고 나는 생각한다. 오늘날 우리들에게 있어서 국가는 일본국가가 있을 뿐이다. 우리가 다해야 할 국가적 의무와 지성(至誠)은 이를 일본국가에 바쳐야 마땅할 것이다. 우리는 가장 사랑하는 것을 일본국에 바치도록 신에게서 명령받고 있는 것이다.[72]

이런 터무니없는 주장들을 일본 사람들이나 일본교회가 아닌 한국인 종교지도자들이 했다는 사실에 주목해야 한다. 이들은 성서를 일본제국주의의 한국식민통치를 정당화하려는 수단으로 삼은 식민주의적 성서해석의 전범(典範)들이다. 그리고 일본제국주의의 한국지배를 정당화하기 위해서 한국에 진출한 일본조합교회도 당연히 구약에 대해서 부정적이었다.

조선전도부의 어용적 성격은 1919년 3·1독립운동에 대한 반응에서도 유감없이 나타났다. 3·1독립운동을 목격한 와타세는 즉각적으로 "조선 소요 사건과 그 선후책"을 〈新人〉 4월호에 기고해, 3·1운동에 참가한 조선기독교인들은 구약의 정신이 농후하고 기독교의 사랑의 정신이 없는 유대교도에 불과하다고 비난했다. 즉, 만일 기독교인들이 산상수훈의 정신을 안다면 그들은 그런 식으로 반행해서는 안 될 것이며, '하나님을 아버지로 하는 형제로서 더 포용적으로 내선일체를 대성하는 정신'에 근거하여 행동했어야만 했다고 비판했던 것이다. 그러면서 그는 '건전한 신앙을 근거로 해 건전한 사상'을 배양함으로써 유다주의를 극복하고 "양 민족의 새로운 영적 일치"를 달성하기 위한 조합교회의 조선전도의 의의를 더욱 강조하였다.[73]

---

72) 김승태, 『한국기독교의 역사적 반성』, 436,
73) 양현혜, 「일본기독교의 조선전도」, 『한국기독교와 역사』 제5호(서울: 한국기독교역사연구소, 1996), 195-196.

일본조합교회가 일본 정부의 입장에 발맞추어 구약을 비판하고 신약 복음서를 앞세우는 것을 알 수 있다. 그리고 일본기독교도들 가운데는 구약성서를 식민주의적으로 이해하면서, 일본이 한국을 병합한 것을 '출애굽 사건'으로 해석하는 사람들도 있었다.

> 한국은 드디어 제국의 판도(版圖)에 병합되었도다. 일장기가 계림의 아침을 비추어 참으로 빛나리라고 나는 마음속으로 엄숙히 하나님께 기도하는 바이다. "모세가 여호수아를 불러 온 이스라엘 목전에서 그에게 이르되 너는 마음을 강하게 하고 담대히 하라 너는 이 백성을 거느리고 여호와께서 그들의 열조에게 주리라고 맹세하신 땅에 들어가서 그들로 그 땅을 얻게 하라 여호와 그가 네 앞서 행하시며 너와 함께하사 너를 떠나지 아니하시며 버리지 아니하시리니 너는 두려워 말라 놀라지 말라"(신명기 31:7-8). 우리나라와 한국과의 관계는 유래가 깊고 유구한 역사를 지녔다. 실로 하나님이 이 국민의 '열조에게 주리라'고 맹세하신 땅이라고 느껴야 한다. 이런 의식은 오랫동안 역사적으로 일본 국민들에게 이어져왔나 …… 이미 하나님으로부터 '조상들에게' 한국이 '주어진' 것이기 때문에 이것을 가질 권리가 있다.[74]

이 얼마나 구약적인 발언인가. 이들은 출애굽 사건과 가나안정복 사건을 일본제국주의의 한국침략과 동일시한다. 이런 그릇된 생각은 타국을 식민지화하는 제국주의적인 사고의 전형(典型)이라고 할 수 있는데, 서구열강은 식민지를 개척하면서 가증스럽게도 출애굽과 가나안정복을 침략의 성서적 근거로 삼았다. 이것은 미국을 점령한 청교도들도 마찬가지였다.

---

74) 「大日本の朝鮮」, ≪福音新報≫ 제792호, 1910. 9. 1. 서정민, 『일본기독교의 한국인식』, 147에서 재인용.

1620년 매사추세츠 주 프리머츠에 정착한 청교도인들은 자신들이 새 이스라엘을 건설하고 있다고 생각했다. 실제로 모든 식민화 작업이 하나님의 인도하심으로 이루어졌다고 그들은 믿었다. 1613년 버지니아에서 휘태커(Alexander Whitaker)는 "하나님께서 친히 이 길을 우리에게 열어주셨고, 그의 손으로 우리를 이 일로 인도하셨다."고 설교하였다. 영국의 식민주의 사상에 이런 약속의 땅의 이미지가 깊게 자리잡고 있었다. 그 순례자들이라고 불리던 청교도인들은 자신들을 고대 히브리 백성과 일치시켰다. 그들은 신천지를 새로운 가나안으로 보았다. 그리고 그들은 약속의 땅으로 진군해 들어가는 하나님의 선민이었다 …… 1783년에 스타일스(Ezra Stiles)는 조지 워싱턴(George Washington)이야말로 '미국의 여호수아'이고, "독립전쟁에서처럼 명예스럽고 훌륭한 동기로 무기를 사용한 때가 역사상 눈의 아들 여호수아의 시대 이래로 일찍이 없었다."라고 주장하였다. 심지어는 1776년에 미 연방공화국의 설립자인 프랭클린(Benjamin Franklin)과 제퍼슨(Thomas Jefferson)은 신생 미국의 국쇄(Great Seal)에 약속의 땅 이미지를 넣자고 제안했다. 프랭클린은 모세가 홍해(갈대바다)를 가르면서 그 물살에 바로의 군사들이 빠져죽는 그림을 제안하였다. 제퍼슨은 광야에서 이스라엘 백성이 낮에는 구름기둥, 밤에는 불기둥으로 인도되는 그림을 넣자고 주장하였다 …… 하나님의 선민이라는 사상이나 미국을 고대의 가나안과 일치시키려는 시도는 미 원주민이 대대로 살아왔던 땅에서 그들을 추방시키는 데에 정당성을 부여했다. 식민자들은 스스로를 '사탄의 세력'인 미 원주민들과 대결하고 있다고 보았다. 즉 미 원주민들은 가나안 사람들처럼 멸망하고 추방되어야 한다고 여겼다.[75]

신앙을 찾아서 신대륙으로 갔다는 청교도들이 얼마나 그릇된 성서관을 갖고 있었는지, 그리고 그런 그릇된 성서관으로 인해서 얼

---

75) Roy H. May, Jr., *Joshua and the Primised Land*, 서광선 옮김, 『여호수아와 약속의 땅』(서울: 대한기독교서회, 1982), 134-135.

마나 많은 원주민들이 고통당하고 학살당했는지 알 수 있다.[76] 구약성서, 특히 출애굽과 가나안정착에 대한 왜곡된 인식은 미국을 정복한 청교도들에게서만 나타나는 것은 아니었다. 스페인과 포르투갈은 중남미 지역을 정복했는데, 그들도 가나안 정복을 모델로 삼았다. 그래서 멕시코 성서학자 타메즈는 이렇게 말한다.

> 가장 많이 사용된 대륙 정복의 성서적 근거는 가나안 정복의 이야기였다. 16세기 스페인 사람으로 명성과 영향을 끼쳤던 철학자인 세플베다(Juan Gine de Sepulveda)는 이 성서의 주제를 사용해서 원주민과의 전쟁을 정당화했다. 그는 신성 모독을 처벌한다는 명목으로, 또한 그 대륙이 약속의 땅과 마찬가지로 하나님이 주신 특별한 선물이라는 명목으로 대륙 정복을 합리화했다(교황은 그리스도의 대리자로서 땅을 줄 권한을 부여받았다는 주장이었다). 하나님께서 스페인 사람들을 선택해서 야만인들에 대한 하나님의 심판을 집행하게 했고 그들의 땅을 정복하게 했다. 세플베다는 이러한 신념에 근거해서 침략 전쟁을 합법화했을 뿐만 아니라 원주민들의 범죄의 무게를 생각한다면 필수적으로 있어야 한다고 주장했다.[77]

기독교적인 유럽의 제국주의뿐만 아니라 일본제국주의에 편승한 어용적인 일본기독교인들 역시 일제의 한국침략과 식민지배를 가나안정복에 근거해서 정당화하려고 했다는 사실을 우리는 확인할 수

---

76) 1890년 기록을 보면, 잔존 원주민 수는 25만 명뿐이었는데, 스태나드는 청교도들이 300년 동안 최소한 1억 명 이상의 원주민들을 학살했고, 최소 3천만 명에서 최고 6천만 명의 아프리카 흑인들을 학살했을 것으로 추정한다. D. E. Stannard, *American Holocaust*(Oxford: Oxford University Press, 1992), 151, 317. 조찬선, 『기독교죄악사(하)』(서울: 평단문화사, 2000, 2001), 176, 176쪽 각주 90번, 177쪽 각주 91번에서 재인용.

77) Elsa Tamez, 「Biblia y 500 anos」, *Revista de Interpretacion biblica latinoamericana* 16(1993), 12. Roy H. May, Jr., 140에서 재인용.

있었는데, 이들 제국주의자들이 서로 협약이라도 한 듯 구약성서를 동일하게 왜곡하는 모습에서 전율을 금치 못한다. 물론 이런 성서해석이 한국교회 구약성서이해에 얼마나 큰 영향을 미쳤는지는 정확하게 알 수 없지만, 출애굽과 가나안정복을 식민지 백성들의 입장에서 읽지 않고 제국주의적인 입장에서 읽을 때, 그것이 성서내용을 훼손할 뿐만 아니라 타국을 침략하고 점령하는 무자비한 도구가 된다는 것을 명심해야 한다. 그리고 우리도 은연중에 이런 제국주의적 성서해석에 물들어 있지 않은지 반성해야 할 것이다.

지금까지 살펴본 것처럼 한국교회는 처음부터 성서를 매우 사랑했다. 선교사들이 들어올 때 한국 사람들이 번역한 성서를 가져와서 선교했다는 것은 역사적으로 유례없는 일로 평가받는다. 한국기독교인들은 성서읽기를 중시했으며, 성서연구를 통해서 신앙을 키웠다. 특히 구약성서를 읽으면서 한국을 이스라엘과 동일시하고, 민족의 아픔에 동참하고자 했다. 그런데 한국교회는 정교분리원칙을 내세우는 선교사들에 의해서 영향을 받고, 또 일제식민지배 시기를 거치면서 일본에 의해서 반구약적 성향을 주입받게 되었으며, 이런 과정을 통해서 한국교회는 해방 이후에 구약보다는 신약을 더 중히 여기는 습성을 갖게 된 것으로 보인다. 한국교회의 구약경시태도가 상당 부분 일본제국주의에 의한 식민주의적 유산이기 때문에 이런 성향을 극복하고 구약과 신약을 동일한 하나님 말씀으로 받아들이고 동등하게 선포하는 것이 바로 탈식민주의적 작업이라고 할 수 있겠고, 이 논문을 쓰는 의의가 여기에 있음을 밝히는 것으로 글을 마치려 한다.

참고문헌

김광수. 『한국기독교수난사』. 서울: 한국교회사연구원, 1978.

김승태 편역. 『일제강점기 종교정책사 자료집 - 기독교편, 1910-1945』. 서울: 한국기독교역사연구소, 1996.

김승태. 「한말 일제침략기 일제와 선교사의 관계에 대한 연구(1894-1910)」, 『한국기독교와 역사』 제6호.

김승태.. 『일본강점기 종교정책사 자료집』. 서울:한국기독교역사연구소, 1996.

김승태. 『한국기독교의 역사적 반성』. 서울: 다산글방, 1994.

김승태·박혜진 엮음. 『내한선교사 총람』. 서울: 한국기독교사연구소, 1994.

김영민. 『탈식민성과 우리 인문학의 글쓰기』. 서울: 민음사, 1996, 1997.

김운태. 『일본제국주의의 한국통치』. 서울: 박영사, 1986, 1999.

김흥수. 『한국전쟁과 기복신앙확산연구』. 서울: 한국기독교역사연구소, 1999.

나병철. 『근대 서사와 탈식민주의』. 서울: 문예출판사, 2001.

류대영. 『초기 미국선교사 연구(1884-1910) - 선교사들의 중산층적 성격을 중심으로』. 서울: 한국기독교역사연구소, 2001.

문희석. 『한국교회구약성서해석사 1900-1977』. 서울: 대한기독교출판사, 1978, 1982.

민경배. 「일제의 한국침략과 한일교회 관계」. 『일제하의 한국기독교 신앙·민족운동사』. 서울: 대한기독교서회, 1991.

민경배. 『교회와 민족』. 서울: 대한기독교출판사, 1981.

飯沼二郎·韓晳曦 지음. 南永煥 역. 『일제통치와 일본기독교』. 서울: 도서출판 영문, 1989, 1993.

백낙준. 『한국개신교사 1832-1910』. 서울: 연세대학교 출판부, 1971.

1991.

백영서. 「진정한 동아시아의 거처 - 20세기 한 · 중 · 일의 인식」, 최원
　　　식 · 백영서 엮음. 『동아시아인의 '동양'인식: 19-20세기』. 서
　　　울: 문학과지성사, 1997.

『새문안교회 70년사』. 서울: 새문안교회, 1958), 33-34. 한규원, 314에
　　　서 재인용.

서정민. 「근대 아시아에서의 선교사 문제」, 『한국기독교와 역사』
　　　제5호. 서울: 한국기독교역사연구소, 1996.

서정민. 『일본기독교의 한국인식 - 기독교회와 민족국가 관계론 연
　　　구』. 서울: 도서출판 한울, 2000.

송길섭. 『한국신학사상사』.서울: 대한기독교출판사, 1987, 1991.

양현혜. 「일본기독교의 조선전도」. 『한국기독교와 역사』 제5호. 서
　　　울: 한국기독교역사연구소, 1996.

윤혜원. 『일본기독교의 역사적 성격』. 서울: 한국기독교역사연구소,
　　　1995.

이덕주. 초기한국기독교사연구』. 서울: 한국기독교역사연구소, 1995.

이만열. 「한말 · 일제하 기독교 사회운동의 맥락」.백종국 편저. 『한
　　　국기독교인의 정치의식과 민주화』. 서울: 생명의 말씀사, 1994.

이만열. 『한국기독교 수용사 연구』. 서울: 두레시대, 1998.

이석호 엮음. 『아프리카 탈식민주의 문화론과 근대성』. 서울: 도서출
　　　판 동인, 2001.

이영헌. 『한국기독교사』. 서울: 컨콜디아사, 1978, 1983.

조찬선. 『기독교죄악사(하)』. 서울: 평단문화사, 2000, 2001.

한국기독교사연구회. 『한국기독교의 역사 I』. 서울: 기독교문사, 1989,
　　　1991.

한국기독교사연구회. 『한국기독교의 역사 II』. 서울: 기독교문사, 1989,
　　　1991.

한규원. 『개화기 한국기독교 민족교육의 연구』. 서울: 국학자료원, 1997.

한숭홍. 『한국 신학사상의 흐름 I』. 서울: 한국신학사상연구원, 1991.

Ashcroft, B., Griffiths, G., and Tiffin, H. *The Empire Writes Back*. 이석호 옮김. 『포스트콜로니얼 문학이론』. 서울: 민음사, 1996.

Blair, W. N. *Gold in Korea*. New York: Presbyterian Church in the U. S. A., 1957.

Daniel L. Giford. *Everyday Life in Korea- A Collection of Studies and Stories*. 심현녀 옮김. 『조선의 풍속과 선교』. 서울: 한국 기독교역사연구소, 1995, 1996.

Japan Chronicle 특파원. *The Korean Conspiracy Trial, 1912*. 윤경로 옮김. 『105인 사건 공판 참관기』. 서울: 한국기독교역사연구소, 2001.

John Van Neste Talmage. *A Prisoner of Jesus Christ in Korea- The First Step of Early Christian Mission in Korea*. 마성식·채진홍·유희경 옮김. 『한국 땅에서 예수의 종이 된 사람』. 서울: 한국장로교출판사, 1998.

Kenneth M. Wells. *New God, New Nation- Protestants and Self-Reconstruction, Nationalism in Korea 1896-1937*. 김인수 옮김. 『새하나님 새민족』. 서울: 한국장로교출판사, 1997.

May, Jr., Roy H., *Joshua and the Primised Land*. 서광선 옮김. 『여호수아와 약속의 땅』. 서울: 대한기독교서회, 1982.

Moore-Gilbert, Bart. *Postcolonial Theory-Contexts, Practices, Politics*. 이경원 옮김. 『탈식민주의! 저항에서 유희로』. 서울: 한길사,

2001.

Räisänen, H., Fiorenza, E. S., Sugirtharajah, R. S., Stendahl, K., Barr, J. *Reading the Bible in the Global Village: Helsinki.* Atlanta: Society of Biblical Literature, 2000.

Said, Edward W. Orientalism. 박홍규 옮김. 『오리엔탈리즘』. 서울: 교보문고, 1991, 2000.

Song, Choan-Seng. *Third-Eye Theology- Theology in For- mation in Asian Settings.* 朱在鏞・李正熙 共譯. 『아시아의 苦難과 神學』. 서울: 대한기독교출판사, 1982.

Stannard, D. E. *American Holocaust.* Oxford: Oxford University Press, 1992.

Sugirtharajah, ed. R. S. *The Postcolonial Bible.* Sheffield: Sheffield Academic Press, 1998.

Sugirtharajah, ed. R. S. *Postcolonialism and Scriptural Reading.* *Semeia* 75. Atlanta: Scholars Press, 1996.

Sugirtharajah, R. S. "Introduction: The Margin as a Site of Creative Re-visioning." ed. R. S. Sugirtharajah. *Voices from the Margin-Interpreting the Bible in the Third World.* Mary-knoll: Orbis Books, 1997.

Sugirtharajah, R. S. *Asian Biblical Hermeneutics and Postcolonialism- Contesting the Interpretations.* Maryknoll: Orbis Books, 1998.

Sugirtharajah, R. S. *The Bible and the Third World- Precolonial, Colonial and Postcolonial Encounters.* Cambridge: Cambridge University Press, 2001.

Thiong'o, Ngugi wa. *Decolonising the Mind- the Politics of Language in African Literature.* 이석호 옮김. 『탈식민주의와 아프리카 문학』. 고양: 도서출판 인간사랑, 1999.

Young, Robert J. C. *Postcolonialism- An Historical Introduc- tion.* Malden: Blackwell Publishers Ltd., 2001.

제5장 탈(脫)세속화 시대와
기독교 보수주의[1]

- 미국의 보수적 기독교에 대한 비판 -

들어가는 글

지난 총선 때 보수적 기독교인들이 만든 기독당이 등장하고, 이명박 서울시장이 기독교 집회에 참석해서 서울을 하나님께 봉헌한 행동[2]은 바로 보수적인 세력들이 내면적으로나 외면적으로나 예전과는 다르게 움직이고 있음을 보여준다.[3] 그들은 2007년에는 대한

---

[1] 이 논문은 2005년 5월 14일 서울대에서 열린 한국종교학회 춘계 학술대회 그리스도교 분과에서 발표했다.

[2] "서울을 하나님께 드리는 봉헌서: 흐르는 역사 속에서 서울을 지켜주신/하나님의 사랑과 섭리하심에/감사와 영광을 돌리며,/대한민국의 수도 서울은/하나님이 다스리시는 거룩한 도시이며,/서울의 시민들은 하나님의 백성이며,/서울의 교회와 기독인들은/수도 서울을 지키는 영적 파수꾼임을 선포하며,/서울의 회복과 부흥을 꿈꾸고 기도하는/서울 기독 청년들의 마음과 정성을 담아/수도 서울을 하나님께 봉헌합니다./ 2004년 5월 31일/서울특별시장 이명박 장로 외/서울의 부흥을 꿈꾸며 기도하는 서울 기독청년 일동."[「이명박 '봉헌발언' 파문, 종교계 등 각계로 확산」, 《프레시안》 (2004년 7월 2일)].

[3] 이것은 한국 개신교만의 독특한 현상은 아니다. 엄한진은 전 지구적 보수화와 종교의 정치화의 틀 속에서 한국개신교를 살핀다. 엄한진, 「종교의 전 지구적 보수화와 한국교회」, 『역사비평』 70호(역사문제연구소, 2005년 봄), 82-102. "'좌향좌로 기울어진' 나라를 바로잡기 위한 목사님들의 '우향우 행보'가 부쩍 눈에 띈다. 교회 밖 장외 집회에 신도들을 끌고 앞 다퉈

민국을 하나님께 봉헌하겠다는 야심 찬 계획을 발표하기도 했다.[4]
이런 모습들은 기독교, 특히 보수적인 기독교가 한국 사회에서 대
단히 강력해졌으며, 교회의 쇠퇴 운운하는 것과는 다르게 종교세력
들, 특히 기독교가 한국 사회에서 여전히 건재함을 여실히 보여주
는 증표이다.

그런데 이러한 양상은 레이건 집권 이후에 급속히 부상한 미국의
보수적 기독교[5]가 지향하는 기독교 제국주의와 맞닿아 있다는 점
에서 우리를 긴장케 한다. 한국의 보수적 기독교는 지나치리만치
친미적이고,[6] 미국의 보수적 기독교를 모델로 삼고 추종하는 듯한

참가하는가 하면, 교회 안 예배에서는 연일 정부 정책에 붉은색을 덧칠하고
있다. 개별적으로 정치적 견해를 드러내는 차원이 아니라 62개 개신교 교단
이 총망라된 한국기독교총연합회(대표회장 길자연)를 중심으로 조직적으로
움직이고 있어 더욱 주목된다."[「성도들이여 봉기하라」, 《한겨레신문》
(2004년 11월 26일)]. 이제 한국의 보수적 기독교는 정치에 적극적인 참여
를 강조한다. "한기총의 주요 관계자는 이런 일련의 움직임에 대해 '왜 기독
교가 정치에 참여하느냐는 질문만큼 우문이 없다'면서 '선교와 교세 확장을
최우선 과제로 하는 기독교인들이 이를 뒷받침할 정치 환경을 조성하는 것
은 기독교적 소명의 하나'라고 말했다. 정치적 목적이 분명한 장외 집회와
단체 결성에 자본과 동원력을 갖춘 대형 교회 목사들이 빠지지 않는 것도
이런 이해관계와 무관하지 않아 보인다." *ibid.*

4) 이 시장이 대권 도전 의사를 표현한 것으로 보는 사람들도 있다. "이는 이
   시장의 대선 행보를 염두에 둔 것인 듯하다. 종교행사가 이렇게 정치적
   목적에 봉사하며 태연히 정교분리 원칙을 어기는 현실이 놀랍기만 하다."
   [「이명박 시장 '서울봉헌' 책임지라」, 《한겨레신문》 (2004년 7월 4일)].
   나는 2007년이 1907년에 일어난 대부흥운동 100주년이라는 점에 주목하
   고자 한다. 신학계에서 대부흥운동 100주년을 앞두고 여러 가지 논의를
   하겠지만 그것이 보여준 비정치화라는 보수적인 성격이 적극적인 정치개
   입으로 바뀌어 나타날 때 어떤 괴상한 양상으로 변모될지 두렵다.
5) 미국의 보수적 기독교, 특히 근본주의자(fundamentalist)들은 낙태, 동성
   결혼, 그리고 줄기세포연구를 줄기차게 반대해 왔다. Peter Steinfels,
   "Beliefs: Anti-Bush Criticism and the Fixation on 'delusional'
   Christian Fundamentalism", *New York Times*(2005년 1월 29일).
6) 한국기독교가 보이는 친미적인 성향은 서울 명성교회 김삼환 목사 설교에서

인상을 강하게 받는다.[7] 한국이 종교적인 면뿐만 아니라 거의 모든 면에서 미국의 영향을 강하게 받는 형편이기 때문에 미국의 보수적 기독교가 지향하는 기독교 제국주의에 대해서 살피는 것이 필요하다고 생각한다.[8]

확인할 수 있다. 그는 2002년 부시 대통령이 북한과 이란을 '악의 축'으로 지목했을 때 요한계시록 3장 14-22절을 본문으로 삼아서 '책망받는 자의 행복'이라는 설교를 했다. "미국이 그렇게 경고하는 것은 귀하게 받아들여야 합니다. 역사에 미국을 그렇게 경홀히 여기고 가볍게 생각하는 나라들은 모두 큰 재앙과 심판과 멸망을 받았습니다. …… 미국을 간단하게 보면 안됩니다. 미국의 진단은 정확합니다. 미국이 강도라고 그러면 강도입니다. 미국이 암이라고 그러면 암입니다. 미국의 진단은 정확합니다"(한종호, 「한국교회 설교의 현주소, 그 분석과 대안」, 한일성경연구소·한국성경연구원 공동주최 제3회 성서학 세미나 〈수용과 모방을 넘어서〉 자료집, 6쪽에서 인용). 최근 김진호는 한국 개신교의 친미적 성향을 신랄하게 비판했다. "나는 다음 절에서 한국의 '힘 숭배 신앙'이라 할 수 있는 대형 교회 신앙의 뿌리에는 미국식 힘의 종교인 근본주의 신앙의 이식과정에서 (특히 해방 전후기) 식민지적 무의식으로 고착화된 '부적절한 모방'이 있었음을 말하고자 한다. 이러한 부적절한 모방의 결과 한국적 근본주의 신앙은 은연중에 미국적 이상과 하느님 나라의 이상을 동일시하며, 나아가 내외부에서 타자화된 대상에 대한 식민화를 자연스럽게 수용하는 또 하나의 제국주의적 신앙의 심성적 틀로 작동하고 있다는 것을 주장하려는 것이다."김진호, 「한국 개신교의 미국주의, 그 식민지적 무의식에 대하여」, 『역사비평』 70호(역사문제연구소, 2005년 봄), 69.

7) 보수적 기독교의 결집, 기독교의 정치화, 풀뿌리 정치운동 등은 미국의 기독교연합(Christian Coalition)이 이미 보여준 모습들이다.

8) 안드레 슈미드는 이러한 제국주의적인 모습이 일본의 한국 식민지화에 반대한 헐버트와 맥켄지에게서도 나타난다고 말한다. "그러나 헐버트와 맥켄지는 원칙적으로 反제국주의자는 아니었다. 그들의 입장은 반식민주의라고 이해되어 왔지만, 이는 식민주의 자체에 대한 것이 아니라 본질적으로는 '일본적' 식민주의에 대한 반대였다." Andre Schmid, "The Challenges of Orientalism: The Limits of Anglo-American Critiques", 김지민 옮김, 「오리엔탈 식민주의의 도전: Anglo-American 비판의 한계」, 『역사문제연구』 12(역사비평사, 2004), 186.

Ⅰ. 기독교 제국주의

현재 미국이 지향하는 기독교 제국주의는 탈세속화, 신정국가, 신제국주의라는 세 축에 의해서 진행된다.

1. 탈세속화(脫世俗化)

피터 버거(Peter L. Berger)는 지금 세계는 그 어느 때보다도 종교적이고 또 세계적으로 여러 종교가 급속히 부흥하는 때임을 지적하면서 현대화가 종교를 쇠퇴케 하고 종교를 개인과 사회, 세계로부터 추방했다는 주장은 잘못이라고 말한다.[9] 그가 말한 대로 많은 자료들은 최근 세계적으로 종교, 특히 근본주의가 강력히 부흥하고 있음을 입증해 준다.[10] 그리고 종교 부흥을 강력하게 부르짖는 사람들도 많다. 생각해 보면, 명목상으로는 세속화라고 하지만 실제로 종교가 사회로부터 추방당한 적은 거의 없었다고 해야 할 것이다. 종교는 세속화 구호 아래에서도 여전히 존재했고, 지금은 더욱 강력해지고 있다. 특히 세계는 20세기 마지막 30년 동안에 비세속화

---

9) Peter L. Berger, "The Desecularization of the World: A Global Overview", ed. Peter L. Berger, *The Desecularization of the World- Resurgent Religion and World Politics*(Grand Rapids, Michigan: William B. Eerdmans Publishing Company, 1999), 2쪽.
10) "근본주의는 우리 시대에서 가장 중대한 정치적 현상 가운데 하나이다." Gabriel A. Almond, R. Scott Appleby, and Emmanuel Sivan, *Strong Religion-The Rise of Fundamentalis around the World*(Chicago: The University of Chicago Press, 2003), 1쪽.

하면서 종교적이 되었고, 21세기에 들어서면서 그러한 경향은 더욱 강해지고 있다.11)

　종교는 이미 사회화 또는 공적인 것이 되었고, 비개인화(deprivatization)되었다.12) 이처럼 종교가 개인적인 신앙차원을 넘어서 공적화하고 사회에 적극적으로 참여하는 상황에서 종교는 특히 정치와 밀접한 관계를 맺지 않을 수 없다. 예전과 다르게13) 보수적인 기독교인들

---

11) "그러나 21세기는 종교의 세기로 문을 열고 있다. 서유럽 외의 거의 모든 지역에서 사람들은 종교에서 편안함과 방향감각, 위안과 정체성을 찾고 있다. 질 카펠이 말한 '신의 복수'가 널리 퍼지고 있고 종교집단들 사이의 충돌이 전세계로 확산되고 있다. 사람들은 서로 다른 나라에 거주하고 있으면서도 점점 더 자신과 같은 종교를 가지고 있는 동료들의 운명에 관심을 보이고 있다. 더군다나 많은 나라에서 자신들의 정체성을 종교적인 측면에서 재규정하려는 강력한 움직임이 나타나고 있다. 그와는 전혀 다른 방식이지만, 미국에서도 종교적인 뿌리와 종교적인 헌신을 강조하려는 움직임이 나타나고 있다. 복음주의 기독교는 이제 중요한 힘이 되었고, 미국인들은 대체로 자신들이 기독교도였던 300년 동안에 널리 퍼졌던 자기 이미지로 돌아가고 있다." Samuel Huntington, *Who are We?*, 형선호 옮김, 『새뮤얼 헌팅턴의 미국』(서울: 김영사, 2004), 32쪽.

12) 이러한 현상은 부시에게서 명확하게 드러난다. Molly Ivins and Lou Dubose, *Shrub-The Short but Happy Political Life of George W. Bush*(New York: Vintage Books, 2000), 57쪽.

13) 역사적으로 비정치적이었던 기독교인들이 정치적인 엘리트들에게 주목하는 것은 거듭남을 체험한 지미 카터 당선을 도운 1976년 이후이다. Jim Lobe, "Conservative Christians Biggest Backers of Iraq War", Inter Press Service(2002년 10월 10일). 예전에는 근본주의자들은 개인구원을 강조하고 역사에 무관심하다는 평을 받았고, 진보주의자들은 역사를 진지하게 다루고 개인적 차원의 구원을 거부했다는 평을 받았는데, 이것은 더 이상 적합하지 않다. 오히려 근본주의가 복음의 공적인 의미에 더 적극적이며, 역사변혁에 관심이 많다. Richard John Neuhaus, *The Naked Public Square - Religion and Democracy in America*(Grand Rapids, Michigan: William B. Eerdmans Publishing Company, 1984), 14~15쪽. 미국은 보수적-복음적-근본주의자들이 주류를 이루고, 에큐메니칼 운동은 소수에 불과하다. ibid., 17쪽. 남북전쟁 이전 미국 개신교 복음주의와 정치의 관계에 대해서는 Richard J. Carwardine, *Evangelicals and Politics in Antebellum America*(Knoxville: The University of Tennessee

일수록 이 사회에서 하나님의 뜻을 이루기 위해서는 그들이 정치에
적극적으로 참여해야 한다고 생각한다.14)

2. 신정국가(神政國家)

　탈세속화에 힘입어 근본주의적이고 이원론적인 기독교 세력들이
정치에 적극적으로 개입하는데, 그들은 악의 세력을 무찌르고 세계
를 온전한 기독교 국가로 만들려고 한다. 이러한 가능성은 이미 현
실적으로 나타나고 있다. 미국은 법적으로 종교와 정치의 분리를
말하지만 실제로 종교와 정치를 엄격하게 나누어 놓기는 쉬운 일이
아니다.15) 정치와 종교는 이론적으로는 분리되지만 이 둘은 실제적
으로는 긴밀하게 얽혀 있다.16) 오히려 그 얽힘의 강도는 탈세속화
추세에 힘입어 더욱 강해지는 양상이다. 다른 사람들도 그렇지만,

Press, 1997)을 보라.

14) 1979년에 미국 침례교 목사인 제리 팔웰(Jerry Falwell)이 미국의 도덕적
　　타락을 염려하는 사람들을 모아서 '도덕적 다수(Moral Majority)'를 결성함
　　으로써 본격적으로 정치에 개입했으며, 이를 통해서 근본주의가 미국에 영
　　향을 미치게 되었다. Nancy T. Ammerman, "North American Protestant
　　Fundamentalism", ed. Martim E. Marty and R. Scott Appleby,
　　Fundamentalisms Observed, the Fundamentalism Project Ⅰ(Chicago:
　　The University of Chicago Press, 1991), 1쪽, 43쪽. 미국 기독교 근본주
　　의자들은 1980년대에 들어와 전 천년설을 버리고 후 천년설을 택함으로써
　　사회개혁에 적극적으로 참여할 신학적 근거를 마련했다. ibid., 47쪽.
15) "미국헌법의 초안자들은 정부 권력의 제한과 종교의 보호 및 강화를 위해
　　국가적 종교를 금지했다. '교회와 국가의 분리'는 종교와 사회의 정체성 확
　　립에 필요한 것이었다. 윌리엄 맥롤린이 얘기했듯이, 그것의 목적은 종교에
　　서 '벗어난' 자유가 아니라 종교를 '위한' 자유를 확립하는 것이었다. 그리고
　　이것은 아주 성공적이었다." Samuel Huntington, *Who are We?*, 113쪽.
16) Richard John Neuhaus, *The Naked Public Square*, vii.

특히 레이건 대통령이나 그를 추종하는 부시 대통령 역시 언제 어디서나 자신이 기독교 신자임을 강조하며, 부시는 예전에는 방탕한 삶을 살던 자신이 빌리 그레함 목사를 통해서 회심했고, 하나님의 뜻을 실현하기 위해서 대통령 선거에 나섰다고 당당하게 고백했다.[17] 그리고 자신의 신앙에 근거해서 나라를 이끌어 간다고 말한다. 그렇기에 누가 뭐라고 하든 미국은 과거에도 그렇고 현재도 틀림없는 기독교 국가이다.[18]

레이건과 부시를 지원한 미국의 보수주의, 더 정확하게 말하면 근본주의 개신교도들은 세계를 선과 악으로 구분하는 극단적인 이원론적인 관점에서 보고,[19] 악을 물리침으로써 선을 이루려는 십자군적인 모습을 보인다.[20] 그들은 하나님의 뜻에 따라서 미국을 온

---

17) 포드, 카터, 레이건, 부시는 자신들이 거듭났음을 천명했다. Garry Wills, *Under God-Religion and American Politics*(New York: Simon and Schuster, 1990), 21쪽.

18) 1970년대에 북 캐롤라이나에서 조사한 바에 의하면, 74퍼센트가 인권은 단순히 법뿐만 아니라 신으로부터 부여된다고 믿었으며, 78퍼센트는 미국 국기를 '거룩하다'고 주장했다. 그리고 미국을 하나님이 선택하신 나라로 생각했다. Richard John Neuhaus, *The Naked Public Square*, 81쪽. 새무얼 헌팅턴은 미국의 정체성을 앵글로-개신교도 문화에서 찾는다. Samuel Huntington, *Who are We?*, 6쪽.

19) 이것은 팻 로벗슨에게서 명확하게 나타난다. 그는 2002년 3월 25일에 디트로이트의 경제인 클럽에서 행한 연설("The Roots of Terrorism and a Strategy for Victory")에서 이슬람교의 교리와 역사를 살핌으로써 이슬람교가 결코 평화적인 종교가 아니고 위험한 폭력적 집단임을 강조한다. http://www.patrobertson.com/Speeches/TerrorismEconomicClub.asp.

20) 보수적인 기독교인들 가운데 약 69퍼센트가 바그다드에 대한 군사적인 행동에 우호적이고, 복음적인 기독교인들 가운데 3분의 2는 팔레스타인 테러에 대한 이스라엘의 행동을 지지했다. Jim Lobe, "Conservative Christians Biggest Backers of Iraq War", *Inter Press Service*(2002년 10월 10일). "특히 아랍·이스라엘 관계에 대한 미국 근본주의자들의 의견은 가치 신화적 사고방식이라 할 만하다. 아랍인들을 '사탄의 군대'라고 믿는 그들은 이스라엘의 침략을 '성전(聖戰)'으로 여겨 서안 점령 지대에서의 유

전히 하나님이 다스리시는 나라, 신정국가로 만들려고 한다.[21] 그들
이 신정국가라는 용어를 직접 사용하지는 않지만, 현재 미국은 누
가 봐도 신정국가적이다.[22] 그리고 신정국가를 추구하는 그들의 신
앙관이 미국이 수행하는 신제국주의를 뒷받침함으로써 전세계를 하
나님께 봉헌하려 한다.

3. 신제국주의(新帝國主義)

　　미국이 현대세계를 주도한다는 것은 누구도 부인할 수 없는 사실

태인 불법 정착촌을 적극적으로 지원한다. 그들은 유대교도 일단은 '이교
도'이기 때문에 본인의 선행 악행과 상관없이 지옥으로 갈 것이라고 말한
다. 다만 아마겟돈이라는 '선과 악의 최후의 전투'의 순간이 다가오면 유대
인들도 기독교로 당장 집단 개종될 것을 확신하기 때문에 주저하지 않고
이스라엘을 지원하는 것이다." 박노자, 『하얀 가면의 제국－오리엔탈리즘,
서구 중심의 역사를 넘어』(서울: 한겨레신문사, 2003), 133쪽.

21) 로벗슨은 이렇게 말한다. "우리는 전능하신 하나님께 겸손하게 나아와서 우
리가 지은 죄를 고하고 그분의 자비와 보호를 빌어야 한다. 그분은 1812년
전쟁 이래로 우리를 은혜로 보호하신다. 하나님이 울타리를 쳐 주셨기 때문
에 미국은 번영할 수 있었다. 이 나라는 하나님께 특별한 나라였다. "The
Roots of Terrorism and a Strategy for Victory."
http://www.patrobertson.com/Speeches/TerrorismEconomicClub.asp.
레이건도 그렇게 생각했다. 1950년대에 레이건은 하나님이 미국을 선택하
셨다고 공개적으로 말했다. 그는 미국을 '언덕 위에 빛나는 도시'로 묘사했
는데, 이것은 마태복음 5:14-16에 근거한다. Paul Kengor, *God and
Ronald Reagan- a spiritual life*(New York: HarperCollins Publis-
hers, 2004), 88~99쪽.

22) "17세기와 18세기에 미국인들은 신세계에서 자신들의 사명을 성경의 표
현으로 규정했다. 그들은 선민으로서 광야에서 심부름하는 사람들이며, 분
명히 약속의 땅인 이곳에서 새로운 이스라엘 내지 새로운 예루살렘을 만
드는 중이었다. 미국은 새로운 천국과 새로운 지상, 정의의 고향인 곳, 즉
하나님의 나라였다." Samuel Huntington, *Who are We?*, 89쪽.

이다.[23] 이런 점에서 우리는 제국주의,[24] 좀더 정확하게 말하면 신제국주의시대를 산다고 할 수 있다. 미국의 신제국주의적 경향은 최근 아프가니스탄과 이라크를 선제공격하고, 북한과 그 외 몇몇 나라에 대해서도 선제공격 가능성을 흘리면서 계속 위협하는 것에

---

23) 그러나 "지구상의 다른 나라 국민들과는 달리, 대부분의 미국인들은 미국이 군사력을 기반으로 세계를 지배하고 있다는 사실을 알지도 못하고 있으며, 또한 알고 싶어 하지도 않는다. 정부 정책의 비밀주의 원칙 때문에 미국 국민들은 자국의 군대가 전세계를 요새화하고 있다는 사실을 종종 간과하고 있다. 또한 남극을 제외한 거의 모든 대륙에 걸쳐 미군 기지가 광범위한 네트워크를 형성하고 있으며, 이는 사실상 제국의 새로운 형태가 되었다는 사실 역시 대부분의 미국인들은 인식하지 못하고 있다. 우리 미국은 50만이 넘는 병사와 스파이, 기술자와 교관 및 그 가족들과 민간 계약자들을 다른 나라들 그리고 5대양 6대주에 나가 있는 10여 개의 항공모함 기동함대에 배치하고 있다. 미국은 미국의 영토 밖에서 수많은 비밀기지를 운영해 왔고, 이러한 기지들을 통해서 미국 국민을 포함한 각국 국민들이 주고받는 대화와 팩스 및 e메일 내용까지 모니터하고 있다." Chalmers Johnson, *The Sorrows of Empire*, 안병진 옮김, 『제국의 슬픔─군국주의, 비밀주의, 그리고 공화국의 종말』(서울: 도서출판 삼우반, 2004), 15~16쪽.

24) 미국은 제국주의라는 용어를 싫어하지만, 1800년과 1900년에 이미 미국 대법원은 미국을 가리켜서 미 제국(the American Empire)으로 지칭했다. Steven Newcomb, "A Brief Story about the American Empire", *Indian Country Today*(2004년 3월 5일). 미국의 제국주의에 대해서는 다음 글들을 보라. William Rivers Pitt, "The Third Stage of American Empire", *truthout*(2005년 3월 1일), Anna Bernasek, "Lessons for the American Empire", *New York Times*(2005년 1월 30일), Patrick Seale, "Is America Planning New Imperial Adventures?" *Daily Star*(2004년 12월 18일), G. John Ikenberry, "Illusions of Empire: Defining the New American Order", *Foreign Affairs*(2004년 3/5월), Jonathan Marcus, "America: The Accidental Empire?" *BBC*(2004년 2월 2일), Max Boot, "Washington Needs a Colonial Office", *Financial Times*(2003년 7월 2일), Francesco Sisci, "US: The Obvious Emperor", *Asia Times*(2003년 5월 27일), idem., "The American Empire", *Asia Times*(2002년 10월 16-18일), John Bellamy Foster, "The Rediscovery of Imperialism", *Monthly Review*(2002년 11월).

서 명확히 드러나는데, 미국이 보여주는 이러한 모습은 전세계를 정치적으로 경제적으로 문화적으로 장악하려는 제국주의적 면모 그 대로이다.[25] 신제국주의를 지향하는 미국은 철저히 자신들의 이익 을 추구하는 방향에서 모든 일들을 계획하고 실행하는데, 이것을 종교적인 소명으로 포장한다.[26]

---

25) "새로운 미국제국은 오랫동안 형성되어 왔다. 그 뿌리는 19세기 초기로 거슬러 올라갈 수 있는데, 당시 미국은 라틴 아메리카 전역을 자국의 영 향력하에 있다고 선언했고, 영국과 프랑스 및 스페인의 식민주의자들에 못지않게 북미의 원주민들과 이웃 멕시코를 희생시켜 가면서 영토를 확장 했다. 당시의 호주, 알제리, 차르 치하의 러시아에서와 마찬가지로 미국은 원주민들을 쫓아내고 새로운 거주자들로 북미 대륙을 채워나가는 일에 많 은 힘을 기울였던 것이다. 그리고 나서 20세기를 전후하여 제국주의적 임 무에 눈뜬 일단의 정부 인사들은 미국—에스파냐 전쟁을 이용해서 중미와 카리브 연안의 여러 섬들 및 하와이, 괌, 필리핀 등지에 군사기지의 씨를 뿌렸다. 100년 후에 '테러와의 전쟁'이란 미명하에 자신들의 팽창주의적인 의제를 실현시키고자 나선 보수주의 집단과 매우 유사하다." Chalmers Johnson, *The Sorrows of Empire*, 16~17쪽. 부시는 2002년 1월 29일 국회에서 행한 연설에서 미군이 세계 곳곳에서 테러진압을 위해 활동 중 이라는 사실을 명확하게 밝혔다. 'The President's State of the Union Address, the United States Capitol, Washington, D. C.'
http://www.whitehouse.gov/news/releases/2002/01/print/20020129-1
26) "역사가인 스튜어트 크레이턴 밀러가 '과장된 순진성'이라고 불렀던 태도 로, 미국은 필리핀인들에 대한 야만적인 식민화를 신의 뜻에 따라 인종적 으로 불가피하고 경제적으로 필수적인 것이라고 간주했다. ……당시 유명 한 미 제국주의자였던 인디애나 주 출신의 앨버트 베버리지 상원 의원은 다음과 같이 말하고는 했다. '필리핀은 영원히 미국의 것이다. ……그리고 필리핀 바로 바깥에는 중국이라는 거대한 시장이 있다. ……태평양은 우리 것이다.' …… 베버리지는 미국은 기독교와 문명을 '야만스럽고 노회한 민 족'들에게 전파해야 할 의무가 있다고 믿었다. 대부분의 필리핀인들이 수 백 년 동안 가톨릭교도였다는 사실은 염두에 두지도 않았다." Chalmers Johnson, *The Sorrows of Empire*, 68~69쪽. 미국의 기독교는 '의로운 제국'을 세우는 것을 목적으로 삼는다. Richard John Neuhaus, *The Naked Public Square*, 93쪽.

이처럼 '탈세속화·신정국가·신제국주의'는 현재 미국을 특징짓는 이념들이며, 또 미국의 세계지배를 뒷받침하는 이데올로기이기도 하다.

Ⅱ. 미국의 기독교 제국주의

1. 미국 - 기독교 국가

2001년 9월 11일 사태는 미국으로 하여금 세계지배전략을 더욱 강화하게 하는 기회를 주었다. 그리고 미국은 이전보다 더욱 종교적인 사회가 되었다. 대표적 기독교 국가인 미국은, 최근에 나타나는 종교적인 성향을 보면, 거의 신정국가라고 할 정도이다. 그들은 자신들의 국가가 존재하는 이유를 신의 뜻을 실현하는 것이라고 생각한다.

한국 기독교인들은 미국을 흠모하면서도 한편으로는 미국이 도덕적으로나 종교적으로 타락했다고 생각하지만, 우리가 피상적으로 생각하는 것과는 다르게 미 국민의 종교성은 다른 나라들에 비교할 수 없을 정도로 높다. 21세기가 시작할 무렵에 열 명 가운데 아홉 명이 신을 믿고, 최소한 일주일에 한 번 기도한다고 말했다. 열 명 가운데 여섯 명은 최소한 한 달에 한 번 교회예배에 참석하고, 43%는 매주일 참석한다고 답했다. 비종교인은 7%에 불과하다.[27]

---

27) Hugh Heclo, "An Introduction to Religion and Public Policy", ed. Hugh

그러니 미국에서는 비신앙인은 대단히 이상한 사람들이다. 현재는 80에서 90퍼센트 사이의 미국인들이 자신들을 기독교인이라고 말한다. 2001년 갤럽조사에 의하면, 82%의 미국인이 자신을 기독교인이라고 밝혔다.[28] 이것은 89%였던 1947년보다 낮은 수치지만, 그래도 대다수 미국인들이 기독교인임은 부인할 수 없는 사실이다. 그래서 미국을 기독교 국가라고 말하는 것은 미국이 영어를 사용한다고 말하는 것과 마찬가지로 지극히 당연하다.[29]

물론 예전에도 미국은 기독교 국가로 여겨졌다.[30] 그렇기 때문에 종교는 공공화되었고, 국가는 개신교도들이 주도하는 것을 당연하게 여겼다. 마틴 루터 킹이나 다른 시민운동자들도 기독교적인 정신에 의해서 운동을 추진했다.

하지만 현재는 그때와는 또 다른 양상을 보인다. 최근 미국에서는 국가와 종교 사이의 법적 분리는 실제적으로는 무효화되어 가고, 비기독교인들은 더이상 그들이 동등하다고 생각할 수 없는 그런 사회를 살게 될 처지가 되었다.

미국은 분명히 기독교 국가이다. 빌 클린턴도 자신이 직무 중

Heclo and Wilfred M. McClay, *Religion Returns to the Public Square*(Washington, D. C.: Woodrow Wilson Center Press, 2003), 7쪽.

28) Hugh Heclo, "An Introduction to Religion and Public Policy", 10쪽. "97%의 미국인이 신을 믿고 있으며, 그들 중 40%가 일주일에 한 번씩 예배당에 간다. 또한 60%는 그들의 삶에서 종교가 중요한 위치를 차지한다고 말한다." Guy Sorman, *Made in USA*, 민유기·조윤경 옮김, 『Made in USA-미국 문명에 대한 새로운 시선』(서울: 문학세계사, 2004), 24쪽.

29) Hugh Heclo, "An Introduction to Religion and Public Policy", 8~9쪽.

30) "미국은 자신들의 개신교도 기원 때문에 국가적으로 독특하며, 그래서 20세기에도 종교는 미국의 정체성에서 다른 개신교도 국가들과 다른 방식으로 중심 요소로 작용한다. 대부분의 19세기 역사에서 미국인들은 자신들의 나라가 개신교도 국가라고 생각했고, 다른 나라들도 미국을 개신교도 국가라고 생각했고, 교과서와 지도 같은 문헌에서도 미국은 개신교도 국가로 소개되었다." Samuel Huntington, *Who are We?*, 88쪽.

에 심각한 잘못을 저지르기는 했지만, 자신이 침례교도이며 교회에서 눈물 흘리는 것을 전혀 부끄럽게 생각하지 않고 미국에서 종교직인 가치들의 필요성을 거듭 말했다.[31] 그 외에도 많은 사람들이 자신들이 기독교인임을 밝히면서,[32] 미국시민들이 종교적인 가치를 더 소중하게 여긴다면 미국은 분명 더 좋은 나라가 될 것이라고 말한다.[33]

2000년 선거 때에도 종교는 중심에서 벗어난 적이 없었다.[34] 신앙문제는 어떤 기자가 "선거가 끝나야 하나님이 정치에서 은퇴하실 것이다"라고 말할 정도로 핵심적이었다.[35]

특히 부시는 자신이 하나님으로부터 소명을 받아서 대통령 선거에 뛰어들었다고 말했다.[36] 그는 달라스의 하일랜드 팍 감리교회에

---

31) Stephen Mansfield, *The Faith of George W. Bush*(New York: Jeremy P. Tarcher/Penguin, 2003), xviii.

32) 미국인들은 공개적인 자리에서 자신의 개인적인 신앙을 밝히는 경우가 있는데, 가수 마돈나는 유대교 신비수의인 까빌리를 공부했다는 인터뷰를 한 적이 있고, 가수 로린 힐은 그래미상을 수상할 때 성경책을 들고 올라가서 시편을 크게 낭송했다. Laurie Goodstein, "White House Seekers Wear Faith on Sleeve and Stump", *New York Times*(1999년 8월 31일). 기독교 우파가 정치 세력이 된 이후로 회심체험을 간증하는 것이 일상적인 일이 되었다. Molly Ivins and Lou Dubose, *Shrub-The Short but Happy Political Life of George W. Bush*(New York: Vintage Books, 2000), 60쪽.

33) Stephen Mansfield, *The Faith of George W. Bush*, xviii.

34) 대통령 선거 기간 동안 개인적인 신앙에 대한 더 깊은 논의들이 과거 어느 때보다 활발하게 이루어졌다. Laurie Goodstein, "White House Seekers Wear Faith on Sleeve and Stump", *New York Times*(1999년 8월 31일).

35) Stephen Mansfield, *The Faith of George W. Bush*, 106쪽. 최근 대통령 선거에서 종교에 대한 유권자들의 태도는 급격한 변화를 보인다. Peter Grier, "Voters Like Faith-But Not Theology", *Christian Science Monitor*(2000년 8월 10일).

36) 그는 "우리는 우리를 만드신 창조주를 의지해야 하며, 우리의 슬픔과 관심사들을 그분 앞에 놓고, 하나님의 자비를 구해야 한다."고 말한다. 그리고 미국

서 마크 크레이그 목사의 설교를 들었다. 마크 크레이그는 모세가 하나님의 말씀에 주저했지만, 결국 결심하고 나라를 구했다고 말했다. 그는 미국 국민들이 도덕적인 지도자를 강렬히 원하고 있다고 말했다. 부시는 이 설교를 통해서 소명을 체험했다.[37] 그는 하나님이 자기가 대통령 선거에 출마하기를 원한다고 믿었다. 부시는 거듭났느냐는 물음에 주저함 없이 그렇다고 대답했고, 그것을 어떻게 아느냐는 물음에는 로마서 10장 9절을 인용했다.[38]

부시는 성경을 매일 규칙적으로 읽는다고 말한다. 그는 그가 읽은 구절의 단어를 하나씩 살피고, 그것들을 문맥에서 의미를 파악하고, 자신의 삶에 비추어서 묵상한 다음 그 단어들로 기도했다.[39] 그는 시편을 좋아했는데, 특히 시편 27편[40]과 91편을 좋아한다고 말한다.[41] 이 시편들은 도덕성을 강조한다. 클린턴의 도덕성에 염증을 느끼던 미국 국민들은 정직을 최우선적인 가치로 생각했고, 그들은 부시를 선택했다.[42]

지금까지 살펴본 대로 미국은 여전히, 아니, 종교성이 더 강력해지는 기독교 국가임을 아무도 부인할 수 없을 것이다. 그런데 현

의 사회적 병폐를 치유하는 길은 신앙이라고 주장한다. Elizabeth Bumiller, "White House Letter: Talk of Religion Provokes Amens as well as Anxiety", *New York Times*(2002년 4월 22일).

37) Stephen Mansfield, *The Faith of George W. Bush*, 108쪽. George W. Bush, *A Charge to Keep- My Journey to the White House*(New York: Perennial, 1999), 8~9쪽.

38) Stephen Mansfield, *The Faith of George W. Bush*, 111쪽. "내가 만일 네 입으로 예수를 주로 시인하며 또 하나님께서 그를 죽은 자 가운데서 살리신 것을 네 마음에 믿으면 구원을 얻으리니"(로마서 10장 9절. 개역성경).

39) Stephen Mansfield, *The Faith of George W. Bush*, 119쪽.

40) David Frum, *The Right Man- The Surprise Presidency of George W. Bush*(New York: Random House, 2003), 284쪽.

41) Stephen Mansfield, *The Faith of George W. Bush*, 120쪽.

42) *ibid.*, 114~115쪽.

재 미국의 종교성은 대단히 보수적이며 근본주의적이다.[43]

2. 보수주의자들의 정치참여

부시는 빌리 그레함에게서 은혜를 받고 하나님을 만났다. 그렇기
에 그의 신앙은 매우 보수적이고 근본주의적일 수밖에 없다. 그는
빌리 그레함을 통해서 신앙적 확신을 얻었는데, 1985년 여름에 빌
리 그레함이 그의 영혼에 겨자씨를 심어주었다고 말한다.[44] 그리고
빌리 그레함처럼 근본주의적인 성향을 가진 개신교 보수주의자들이
부시를 대통령에 당선시켰다.[45]

원래 복음주의적이고 근본주의적인 개신교도들은 정치에 무관심
했지만, 1960년대에 이르러 사회가 급변하고 세속적 인본주의에 대
해서 위협을 느끼면서 그들은 정치에 개입하기 시작했다. 신앙은
더이상 개인적인 영역에 국한되지 않고 공적인 것이 되었다. 그들
은 기독교우파(New Religious Right)를 결성하고 자신들이 생각하
는 성서적 이상에 따라서 법을 개정하고 정부조직을 개편하는 데
개입했다.[46] 팻 로벗슨(Pat Robertson)[47]이 대표적인 인물로서, 그

---

43) 종교가 공공적인 성격을 띠면 보수적일 수밖에 없다. Richard John
   Neuhaus, *The Naked Public Square*, 158쪽.
44) Peter Singer, *The President of Good & Evil — The Ethics of George
   W. Bush*(New York: Dutton, 2004), 4쪽.
45) 2000년 미국 대선에서 백인 복음주의자들 가운데 40퍼센트가 부시를 지
   지했다.
46) 그들은 기독교인들이 세상을 지배하기 위해 하나님께 부름받았다고 믿었다.
   그들은 창세기 1:26-28과 마태복음 28:16-20을 근거로 삼았다. Nancy T.
   Ammerman, "North American Protestant Fundamentalism", 50쪽.
47) 팻 로벗슨에 대해서는, Robert Boston, *The Most Dangerous Man in
   America?-Pat Robertson and the Rise of the Christian*

는 재건주의적(reconstructionist) 신학적 입장을 갖고, 모든 것을 하나님의 뜻 아래 두려는 입장을 보인다. 재건주의자들은 이원론적인 입장을 견지한다. 재건주의자들은 이 세상에 중간지역은 없으며, 하나님의 통치를 벗어나는 행위의 영역은 없다고 생각한다.[48) 그래서 양자택일을 해야 한다. 사람은 전적으로 하나님을 따르든지 아니면 전적으로 하나님을 따르지 않든지 둘 중의 하나이다. 그들은 하나님의 법에 거슬리는 정치적 제도적 장애물들을 제거하고 하나님의 법에 의한 다스림을 원한다. 그들은 현재 미국의 정부구조와 법률, 교육적 체제가 사탄의 지배하에 있다고 여긴다. 그래서 그것들을 다 뒤집어야 하나님의 다스림이 가능하다고 믿는다. 그리고 자신들의 생각을 실천하기 위해서 정치에 적극 개입한다.

3. 이원론적 세계관과 성전(聖戰)

재건론자들의 양자택일적 사고에서 나타나듯 미국 기독교 보수주의자들은 이원론적인 세계관을 갖고 있다.[49) 그들은 모든 것을 선과

Coalition(Amherst, New York: Prometheus Books, 1996)을 보라.

48) Nancy T. Ammerman, "North American Protestant Famamentalism", 50쪽, 51쪽. Charles Kimball, *When Religion Becomes Evil*(New York: HarperCollins Publishers, Inc., 2002), 118쪽.

49) 그들은 하나님의 영역과 사탄의 영역을 명확하게 나눈다. 이것은 뿌리 깊은 우주적 이원론적 전통에 기인한다. Charles Kimball, *When Religion Becomes Evil*, 36쪽. 근본주의자들이 보기에 우리의 삶은 우리 모두를 통제하기 위해서 하나님과 사탄이 전쟁을 벌이는 전투장이다. 팔웰은 좋지 않은 일들은 모두 우리의 대적인 사탄이 그 배후에 있다고 믿는다. Jerry Falwell, *Falwell: An Autobiography*(Lynchburg: Liberty House Publishers, 1997), 37. 미국인들의 이원론은 미국과 타민족을 질적으로 구분하는 것에서도 명확하게 나타난다. "1840년대부터 어느 정도 체계화

악, 또는 하나님의 영역과 사탄[50]의 영역으로 양분하고 하나님의 영역에 속한 자신들은 선하며, 그렇지 않은 자들은 악하고 진멸당할 자들로 규정한다. 그러면서 악을 진멸하는 것이 자신들의 임무라고 믿는다.[51] 그래서 그들이 일으키는 전쟁은 성전(聖戰)이다.[52]

된 '명백한 운명(manifest destiny)'이라는 사회적 의식을 의미한다. 앵글로색슨 계통 백인 상류층에 의해서 만들어진 '명백한 운명'의 논리는 '후진적 외부인'이라는 '타자'를 설정해 놓고 그 '타자'에 대해 '우리는 하나님의 선택을 받은 미국 국민'이라는 우월감과 적개심을 고취함으로써 미국 사회 내의 계급 갈등을 무마하여 호도하려고 했다. …… '명백한 운명' 논리는 19세기 후반에 유럽을 휩쓸 인종주의적 광기의 한 기원이자 전조였다." 박노자, 『하얀 가면의 제국』, 124~125쪽. "미국이 입만 열면 강조하는 자유·민주주의·평화의 개념에는 사실상 강한 종교적 근본주의, 서구우월주의, 그리고 인종주의적인 요소도 들어 있다. 미국인들만이 선하고, 그러한 제도를 만들어낼 자격과 능력이 있기 때문에 그것을 방해하거나 거부하는 악의 세력은 마치 병균과 같아서 완전히 제거하지 않으면 계속 세상을 감염시킬 것이라고 전제하는 것이다. 미국은 절대로 선한 존재이므로 자신의 팽창정책이나 전쟁은 '정의'를 위한 것이고, 또 그것은 자유를 전파하기 위한 것이므로 그것을 반대하는 것은 전체주의라는 것이다. 실제로 미국인들은 식민지섬닝 혹은 전쟁 시에 언제나 자신의 모든 행동들을 이러한 종교적 용어로 포장해 왔다. 물론 역대 대통령 가운데 부시만큼 근본주의 기독교신앙을 갖고 자기 확신에 차서 행동한 사람은 찾아보기 어렵지만, 미국역사에서 전쟁, 점령, 그리고 식민지경영을 도덕적 종교적 담론으로 포장한 사례는 수없이 많다. 그러한 모든 담론은 '신은 미국의 편이고, 미국은 주님의 나라다'라는 메시아주의에 기초해 있다. 그래서 미국은 침략과 점령을 자신의 신성한 의무라고까지 설파하였다." 김동춘, 『미국의 엔진, 전쟁과 시장』(서울: (주)창비, 2004), 111~112쪽.

50) 보들레르는 사탄은 사람들로 하여금 사탄이 존재하지 않는다고 믿게 할 만큼 지혜롭다고 말했는데, 사탄이 도처에서 역사함에도 불구하고 현대인들은 그러한 사실을 알지 못하고, 악과 사탄에 대한 개념을 상실했으며, 그래서 그런 개념을 다시 회복시켜야 한다고 주장하는 사람들도 있다. Andrew Delbanco, *The Death of Satan-How Americans Have Lost the Sense of Evil*(New York: Farrar, Straus and Giroux, 1995), 9쪽, 23쪽.

51) 미국 기독교 보수주의자들은 무역센터빌딩붕괴를 악마의 역사로 보았다. John Micklethwait and Adrian Wooldridge, *The Right Nation— Con— servative Power in America*(New York: The Penguin Press, 2004), 214쪽. 그렇기에 사악한 일을 행한 자들을 처단하는 성전(聖戰)을 감행한 것이다. 이러한 성

부시는 빈 라덴을 제거하기 위해 아프가니스탄을 침공하면서, 즉 '테러리즘에 대한 전쟁'을 하면서, 그것을 무한정의 작전(Operation Infinite Justice)이라고 명명했다. 여기서 '정의'는 사회적이거나 윤리적인 차원이 아니고 종교적인 차원이다. 즉 악의 세력을 분쇄함으로써 의를 이루겠다는 것이다. 그렇기에 아프가니스탄 침공과 이라크 침공은 침략전쟁이 아니고 악의 세력에 의해 억압당하는 사람들을 해방시키는 거룩한 전쟁이다. 그리고 부시가 2002년에 이라크와 이란, 북한을 악의 축이라고 규정하고 미국을 도덕적인 국가로 규정한 것 역시 윤리적인 차원에서 그치지 않고 매우 근원적이며 종교적이다. 이렇듯 부시는 모든 것을 선과 악의 이원론적 관점에서 판단한다.[53] 그는 "우리는 선과 악의 갈등을 겪고 있다"고 말했다. 그는 거의 모든 연설에서 선과 악의 문제를 이야기한다.

그의 부친이 치른 걸프전쟁(1990~1991)도 처음에는 종교적이지 않고 정치적이고 경제적이었지만 종교적으로 규정되었다. 처음부터 부시(G. H. W. Bush)는 종교적인 언어를 사용하면서 국민들에게 그

향은 보수적 기독교인인 레이건에게서 찾아볼 수 있는데, 그는 소련을 악의 세력으로 규정하고 그것을 붕괴시키는 것을 사명으로 생각했다. Paul Kengor, *God and Ronald Reagan— a spiritual life*(New York: HarperCollins Publishers, 2004), 73쪽. 부시는 국제적 테러를 자행하거나 지원하는 나라들을 악의 축이라고 지칭했는데, 미국 역시 국제적인 테러를 자행했다. 미국이 지원하는 국가테러는 1960년대에 라틴 아메리카 전역에 퍼졌는데, 레이건 대통령이 테러에 대한 전쟁을 하던 1980년대 중앙아메리카에서 최고조에 이르렀다. Noam Chomsky, *Hegemony or Survival— America's Quest for Global Dominance*(New York: Metropolitan Books, 2003), 194쪽.

52) Charles Kimball, *When Religion Becomes Evil*, 154쪽.

53) 그는 자신의 이원론적인 신앙에 근거해서 국가들과 그 지도자들을 선과 악으로 양분하는 데 주저하지 않는다. Elizabeth Bumiller, "White House Letter: Talk of Religion Provokes Amens as well as Anxiety", *New York Times*(2002년 4월 22일).

의 정책결정을 지지해 줄 것을 호소했다. 그는 교회에 기도를 부탁
하면서 "하나님이 미국에 복 주시기를"이라고 했다. 교회들은 몇
주일을 국가기도일로 정하고 교회 종을 울려서 그것을 알렸다. 빌
리 그레함 목사는 1991년 1월 15일 백악관에 초청받았다. 그늘은
그들이 치르는 전쟁이 악에 대한 선의 투쟁이라고 규정했다.[54]

부시(G. W. Bush)가 아프가니스탄을 침공했을 때 종교지도자들은
전쟁은 유감스럽지만 그럼에도 불구하고 그 전쟁은 피할 수 없는
것이라고 말했으며, 어떤 추기경은 그 전쟁을 '정당전쟁(Just War)'
이라고 칭했다. 미국장로교회도 악을 막기 위해서 제한적으로 군사
력을 사용하는 것을 지지한다고 밝혔다. 그들은 그 전쟁을 일종의
성전(聖戰·Holy War)으로 본 것이다.[55]

이 세상을 선과 악으로 나누고, 자신들을 선으로 규정하고 상대
방을 악으로 규정하고, 자신들은 악을 쳐부술 자들이라고 생각하는
부시는 묵시적인 성향의 신앙을 갖고 있다.[56] 부시는 자신은 도덕
적이고 신앙적이며, 자신이 내린 판단을 전적으로 옳다고 생각한다.
그리고 대다수 미국 사람들은 자신들이 그들의 양심에 따라서 행동
하고 하나님 편에서 선을 위해서 악과 싸우기 때문에 반드시 승리
할 것이라고 믿는다.[57]

---

54) Charles Kimball, *When Religion Becomes Evil*, 166쪽.
55) Peter Singer, *The President of Good & Evil*, 146쪽.
56) 묵시적 성향은 부시를 지지하는 근본주의자들에게서 강력하게 나타난다.
    티모시 라헤이(Timothy LaHaye) 목사와 제리 젠킨스(Jerry B. Jenkins)
    목사는 요한계시록에 근거해서 종말론적인 소설들을 펴냈다. 이러한 묵시
    적인 성향은 환경문제에서도 나타나는데, 미국의 기독교 근본주의자들은
    환경파괴에 대해 관심을 갖지 않으면서도 그것이 다가오는 묵시적 상황의
    징조라는 점에서 환영한다. Peter Steinfels, "Beliefs: Anti-Bush Criticism
    and the Fixation on 'delusional' Christian Fundamentalism", *New York
    Times*(2005년 1월 29일). 근본주의자들은 대체로 환경운동을 매우 위험
    시한다.

Ⅲ. 기독교 제국주의에 대한 비판

1. 제국주의적 성서해석

기독교를 '책의 종교'라고 하는데, 이 말에서 알 수 있듯이 기독교는 그들이 경전으로 인정한 구약과 신약성서를 매우 중요하게 생각한다. 기독교에 있어서 성서는 기독교인의 사고와 삶에 절대적인 기준이다. 그렇기 때문에 기독교인들이 성서를 어떻게 읽고 거기서 어떤 내용을 파악하느냐에 따라서 기독교의 성향이 달라질 수 있다. 이런 점에서 기독교인들이 성서를 바르게 읽고 제대로 이해하는 것은 기독교 자체적으로는 말할 필요도 없고, 사회적으로도 대단히 중요하다.

그러나 지금까지의 역사를 살펴보면 기독교인들은 성서를 제대로 읽지 못했고 제대로 교육받지 못했다. 기독교인들은 성서의 많은 부분을 곡해하고 바르게 이해하지 못했으며, 오히려 성서가 말하는 것과 정반대 방향으로 나아가기도 했다.

성서를 해석할 때 언어가 가지는 상징적인 의미를 파악하지 못하고 문자적으로 읽으려고 할 때 종교는 쉽게 부패한다.[58] 기독교인들은 성서를 오용(誤用)했다.[59] 특히 근대에 들어오면서 서구 기독교회는 선교 제국주의에 사로잡혀 아시아와 아프리카, 남아메리카를 침략하고 식민지로 삼았는데, 그들은 다른 나라를 침략하는 근

---

57) Clyde Prestowitz, *Rogue Nation- American Unilateralism and the Failure of Good Intentions*(New York: Basic Books, 2003), 41쪽.
58) Charles Kimball, *When Religion Becomes Evil*, 51쪽.
59) 조찬선, 『기독교죄악사(상, 하)』(서울: 평단문화사, 2000).

거를 성서에서 찾았으며, 다른 민족들을 무자비하게 학살하는 데에
도 성서를 인용했다. 아메리카에 건너간 청교도들이 인디언들을 학
살하고[60] 그들로부터 땅을 빼앗고 국가를 세우면서도 성서를 인용
해서 자신들의 추악한 행동을 합리화했고,[61] 흑인들을 노예로 부리
면서도 그들의 비인간적인 행위를 성서를 통해서 정당화했다.[62] 남
미를 정복한 스페인 사람들도 성서에 근거했고, 네덜란드 사람들도
남아프리카 공화국을 정복하고 통치하면서 성서에 근거해서 자신들
의 행위를 출애굽 사건으로 해석했다.

이들처럼 현 미국 보수주의자들 역시 성서를 중시한다. 이라크와
의 전운이 감돌 때 부시는 매일 성서를 읽고 기도했다고 한다. 그
는 하나님의 계획이 모든 인간의 계획을 앞선다고 믿었다. 그리고
이런 믿음을 공적인 삶에서 실행했으며, 자유는 인간을 위한 하늘
의 계획이라고 말했다.[63]

그런데 문제는 그들이 성서를 제대로 읽고 해석하느냐는 것이다.
미국 보수주의자들은 주로 요한계시록, 즉 묵시에 근거해서 역사를
해석한다.[64] 그래서 그들이 사용하는 언어들은 묵시적이다. 이것은

---

60) 인디언 학살에 대해서는, David E. Stannard, *American Holocaust-The
Conquest of the New World*(Oxford: Oxford University Press, 1992)
를 보라.

61) Bartolome de las Casas, *A Short Account of the Destruction of the
Indies*(London: Penguin Books, 1992).

62) 김형인, 「북아메리카 기독교의 형성과 발전」, 『외대사학』 12호(2000),
한국외국어대학교 역사문화연구소.
   _____, 「신은 우리 편」-미국 노예제 찬반론의 성서적 해석」, 『서양사
론』 58호, 63-88.
   배성은, 「엘라 베이커(Ella Baker)와 남부 기독교 지도자회의(SCLC)」,
『북미연구』 6호(2000), 한국외국어대학교 외국학종합연구센터 북미연구소.

63) Peter Singer, *The President of Good & Evil*, 91쪽.

64) "천년왕국설에 대한 믿음은 미국의 우파 기독교인들에게 널리 퍼졌다. 그
때문에 로날드 레이건 대통령도 1984년의 선거전에서 제임스 베이커와 함

미국 보수주의자들이 아직도 자신들을 핍박받는 연약한 집단으로 생각하고 있음을 보여준다.65) 하지만 이것은 어불성설이다. 미국은 누구도 건드릴 수 없는 세계최강의 나라이기 때문이다. 묵시는 상대가 불가능할 정도로 강력한 집단에 의해서 감당할 수 없는 시련을 당하는 소수 집단에 의해 형성된다. 그렇기 때문에 요한계시록에 근거한 묵시적 현실인식은 세계를 지배하는 미국에게 적합하지 않다.66)

미국은 선악 이원론에 근거해서 모든 것을 정의한다. 그런데 이러한 선악 이원론은 존재론적 이원론이어서 이 세계를 선과 악으로 명확히 양분하고, 또 자신은 언제나 선이고 타자는 언제나 악이며, 악은 반드시 진멸해야 하고 자신들이 그 역할을 맡았다고 생각한다는 점에서 심각한 결과를 초래한다. 그들은 성서, 특히 창세기 1:26-28을 타인에 대한 지배논리로 해석한다.67) 그렇기 때문에 미

께 PTK 텔레비전에 나가 "우리는 아마겟돈 전쟁을 보게 될 세대가 될지도 모른다."고 말할 정도였다. 이주영, 『미국의 좌파와 우파』(서울: (주)살림출판사, 2003), 68-69.

65) 이러한 근거 없는 피해의식은 이스라엘 사람들에게서도 나타난다. 전세계에 강력한 영향력을 미치고, 미국 보수주의자들의 지원을 받고 있음에도 불구하고 그들은 반셈족주의가 여전히 기승을 부리고 있으며, 자신들은 위험에 노출되어 있다고 생각한다. Abraham H. Foxman, *Never Again? - The Threat of the New Anti-Semitism*(New York: HarperSanfrancisco, 2003).

66) 구약성서에 나오는 출애굽 이야기도 누가 어떻게 읽느냐에 따라서 제국주의를 거부하는 해방의 논리로 해석할 수도 있고, 주변 국가들을 침략해서 지배하는 제국주의적인 논리로 해석할 수도 있다.

67) 기독교 우파는 자신들이 예레미야와 같은 역할을 맡았다고 생각하며, 복음주의가 상실한 문화에 대한 주도권을 되찾으려고 한다. 그들은 자신들이 문화의 수호자가 되어야 한다고 생각한다. 그들은 미국을 하나님과 계약을 맺은 공동체로 간주하고, 미국 역사를 신명기적인 관점에서 해석하며, 복음주의자들을 신실한 남은 자들, 즉 미국을 구원할 남은 자들로 생각한다. Justin Watson *The Christian Coalition- Dreams of Restoration, Demands for Recognition*(New York: St. Martin's Griffin, 1997, 1999), 23쪽. Michael Lienesch, *Redeeming America: Piety and Politics in the*

국 보수주의자들의 성서해석은 타인을 지배하려는 제국주의적 성서 해석이다.

그런데 그들의 선악 이원론은 편파적이라는 점에서 더 큰 문제를 야기한다. 미국은 9·11 사선 이후 이슬람교를 대표적인 악의 세력 으로 규정하는 듯하다. 팔웰은 무하마드가 최초의 테러리스트였다 고까지 말하는데, 팔웰이 볼 때 이슬람교는 본질적으로 세계 평화 를 위협하는 악한 세력이다. 미국 보수주의자들은 이러한 입장에 대체로 동조한다. 하지만 이스라엘이 팔레스타인인들에게 무력을 사용하는 것에 대해서는 그것이 아마겟돈과 재림을 지향한다고 믿 기 때문에 긍정적으로 평가한다.[68] 이러한 편파적이고 이중적인 성 서해석은 그들이 성서를 앞세우면서도 자의적으로 성서를 해석하고 있음을 명백하게 보여준다. 그들은 자신들이 추진하는 세계지배에 대한 근거로 성서를 이용하는 엄청난 죄를 짓고 있다.

2. 기독교 제국주의의 이중성

부시 부자(父子)의 이라크 침공은 도덕적이고 종교적인 명분을 내세우지만 실제로는 석유를 확보하기 위한 추악한 침략일 뿐이다. 이런 면에서 부시 부자는 매우 독선적이고 위선적이다. 이러한 이 중성은 미국의 보수적 기독교가 현실 정치에 개입하면서 드러낼 수 밖에 없는 모습이다.[69]

New Christian Right(Chapel Hill, NC.: University of North Carolina Press, 1993), 157-171.

68) David Harvey, *The New Imperialism*(Oxford: Oxford University Press, 2003), 191쪽.

부시는 자신을 매우 인도주의적인 인물로 여기는 듯하다.[70] 그는 모든 인간의 생명이 소중하다고 말하면서, 생명은 창조주가 주신 선물이라고 한다. 하지만 부시가 과연 누구를 인간으로 규정하는지가 관건이다. 부시와 그의 지지세력들, 즉 미국의 보수주의자들이 보이는 이중성은 여기서도 드러난다. 그는 아프가니스탄이나 이라크 사람들을 미국인과 동일한 인간으로 생각하지 않는 듯하다.[71] 그는 낙태는 반대하면서도 사형제도는 인정한다. 부시는 사형제도는 앞으로 일어날 폭력을 미리 방지하고 다른 무죄한 사람들을 보호하기 위해서 필요하다고 말한다. 부시가 대통령에 당선되었을 때 연방정부는 지난 38년 동안 사형을 실시하지 않았다. 그런 상황이었는데, 부시가 텍사스 주지사였을 때 텍사스 주는 다른 어느 때보다 더 많은 사형을 실시했다. 부시는 152명의 사형집행에 서명했다. 그러면서도 그는 연구를 위해 배아세포를 죽이는 것은 반대한다. 이것은 상식적으로 납득할 수 없는 일이다. 정확하게 사형판결을 내린다는 것은 거의 불가능하다. 1973년부터 2000년 사이에 최소 102명이 그릇된 판결로 사형집행을 당했다.[72] 그렇기 때문에 많은 사람들이 사형제도 폐지를 주장하는 것이다. 그는 생명을 존중한다

---

69) 기독교 연합(Christian Coalition)도 자체 유지를 위해서는 현실적으로 대응할 수밖에 없었다. Justin Watson, *The Christian Coalition*, 25~27쪽.

70) 폴 켄고어는 부시의 개인적인 신학이 성서와 하나님의 자비, 그리고 하나님의 사랑에 근거하며, 특히 부시가 하나님의 사랑을 강조함으로써 일종의 사랑의 신학을 내세운다고 주장한다. 부시는 이것을 '온정적 보수주의(Compassionate Conservatism)'라고 부른다. Paul Kengor, *God and George W. Bush-a spiritual life*(New York: HarperCollins Publishers Inc., 2004), 41쪽.

71) 미국은 원주민들과 흑인들을 자신들과 다른 존재, 즉 불완전한 인간으로 여기고 그들을 짐승처럼 다룬 전과가 있다. 이러한 이중성은 미국의 보수적 기독교가 보이는 이원론, 즉 존재론적 이원론에서 기인한다.

72) Peter Singer, *The President of Good & Evil*, 45~46쪽.

고 하면서도 수많은 민간인을 살상하는 전쟁을 일으켰다. 이러한 부시의 행동들은 결코 생명을 존중한다고 할 수 없다.73) 이런 점에서도 부시는 매우 이중적인 인물이다.

그는 신앙이 삶을 변화시키는 힘을 갖고 있다고 믿는다. 그래서 어려운 사람들을 돕는 복지정책도 '종교에 기반한 조직(faith-based organization)'에 의해 추진되어야 한다고 생각한다.74) 그는 자신이 보수적임을 여러 가지 면에서 밝히는데, 평화를 지키기 위해서 국가방위를 강력하게 해야 한다고 믿기 때문에 보수적이라고 말한다. 그의 보수성은 시장경제를 강력하게 추진하는 데서도 드러난다. 개방적인 무역은 도덕적 명령이며, 그것을 통해서 전세계적인 기아와 빈곤을 퇴치할 수 있다고 믿는다.75) 하지만 아프가니스탄과 이라크 전쟁에서 소비하는 예산으로 많은 사람들을 도울 수 있을 것이다. 그가 전쟁을 치르면서 소비하는 예산을 전세계에서 기아와 질병으로 고통당하는 사람들을 위해 사용한다면 세상은 분명히 달라질 것이다. 부시는 연약한 자들에 대한 연민을 갖고 신앙에 기초해서 그들을 위한 정책을 펼친다고 하면서, 또 한편으로는 신앙에 기초해서 전쟁을 일

---

73) *ibid.*, 62쪽. 여기에 대한 부시의 해명은, George W. Bush, *A Charge to Keep*, 147쪽.

74) Marvin Olasky, *Compassionate Conservatism - What it is, What it does, and How it can Transform America*(New York: The Free Press, 2000), 19-20쪽.

75) Peter Singer, The President of Good & Evil, 1쪽. 김동춘이 말한 대로, 미국을 움직이는 엔진은 전쟁과 시장이다. 미국인들은 자본주의와 민주주의라는 개념을 동일시한다. 그들은 자본주의, 민주주의, 자유를 뒤섞어서 사용한다. 하지만 자본주의와 민주주의, 그리고 자본주의와 자유는 결코 동일시할 수 없다. 세계적 기업인 맥도널드는 맥도널드 더글라스라는 군수업체 없이는 결코 성장할 수 없다. 자본주의와 민주주의, 그리고 자유를 동일시하고 그것을 선전하는 것은 거짓된 신화일 뿐이다. 여기에 대해서는 William H. Boyer, *Myth America-Democracy vs. Capitalism*(New York: The Apex Press, 2003)을 보라.

으킨다. 이런 점에서도 부시는 매우 이중적인 인물이다.

물론 부시가 신앙을 갖고 소명감을 갖는 것을 탓할 수는 없다. 문제는 그가 개인적인 신앙을 공적인 차원으로 끌고 나왔다는 것이다. 그는 미국의 대통령이라면 당연히 신앙의 능력에 대해서 말해야 할 의무가 있다고 생각한다. 그리고 모든 공적인 문제들까지도 신앙적인 측면에서 판단하고 결정해야 한다고 말하는데, 이것은 부시가 미국을 신정국가로 생각하기 때문이다. 이런 자세는 대단히 신앙적인 모습으로 보일지 모르지만 매우 위험스럽기도 하다. 모든 것을 신의 뜻에 따라서 행한다고 하면 거기에 아무도 반대할 수 없다. 반대의견을 가진 사람은 바로 비도덕적이고 비신앙적이며, 신에게 도전하는 불경스러운 인물로 규정되기 때문이다. 그들은 엄격하게 처벌받아야 한다. 이런 성향은 극단적 분리주의로 갈 가능성이 있다. 이것은 미국 건국자들이 생각한 민주주의의 모델이 아니다. 그들은 생각의 자유를 강조했고, 다른 의견을 가진 사람들을 설득하고자 했다.[76]

더 큰 문제는 부시뿐만 아니라 그를 지지하는 세력들이 동일한 생각을 한다는 것이다. 다수당 대표인 톰 드레이(Tom DeLay)도 "기독교만이 이 세상에서 우리가 당면하는 현실들에 대응해서 살 길을 제시해 준다. 오직 기독교만이 그렇게 할 수 있다"라고 말했다.[77] 이처럼 부시와 그 지지세력들이 지나치게 종교성을 강조하고 미국을 앵글로-개신교도들이 주도하는 신정국가로 여기는데, 그들은 개인적인 신앙을 사회·국가적으로 공론화하고 공적 종교로 만들어서 미국을 완전한 기독교 국가로 세우기 위해[78] 정치에 적극

76) Peter Singer, *The President of Good & Evil*, 102쪽.
77) *ibid.*, 110쪽.
78) 이것은 미국 회복 운동이며, 계약신학에 근거해서 처음 상태로 돌아가자

적으로 참여하고, 자신들과 동일한 생각과 믿음을 가진 사람들이 가능한 한 많이 정계에 진출하도록 노력한다.

하지만 그 정도가 얼마나 지나쳤던지 침례교 연합협회가 대통령 부시는 종교공동체 지도자가 아니고 전국의 정치적 지도자로 선출되었음을 상기할 필요가 있다고 말할 정도이다.[79]

부시는 신앙과 정직을 모토로 내걸고 대통령 선거에 임했고, 사람들은 부시를 클린턴과는 반대로 정직한 인물의 전형으로 생각하고 그를 선택했다.[80] 그러나 그가 이라크 전쟁에서 보여준 모습은

는 것이다. Justin Watson, *The Christian Coalition*, 90쪽. 퓨리탄들은 자신들을 하나님의 선택된 백성, 새로운 이스라엘, 온 인류의 구원국가로 생각했다. William Martin, *With God on Our Side- The Rise of the Religious Right in America*(New York: Broadway Books,1996), 2쪽. 보수주의자들은 국가건설 초기에 퓨리탄들이 하나님과 맺은 계약을 현재 미국인들이 지켜야 한다고 주장한다. 그들은 이스라엘 백성들이 계약을 파기했기 때문에 하나님이 심판하신다고 선포했던 예레미야처럼, 지금도 미국이 하나님과 맺은 계약을 제대로 지키지 않으면 심판을 당할 것이라고 선포한다. "그들이 제시한 나라 구출 방법은 과거의 좋았던 상태의 미국으로 되돌아가는 것이었다. 다시 말해 그것은 신보-좌파가 권력을 잡은 일이 없었던 뉴딜 이전의 미국(pre-New Deal America)으로 되돌아가는 것이었다. 그것은 과거의 개인주의적이고 청교도적인 미국으로 되돌아감을 의미하였다. 레이건이 1980년 대통령 선거에서 '근본으로 돌아가자(back to the basics)'라고 외친 것은 바로 이와 같은 신우파적인 입장의 표현이었던 것이다. 그것은 전통적인 '미국적인 체제'를 복원시키기 위한 '미국적인 가치'의 부활을 의미하였다." 이주영, 『미국의 좌파와 우파』(서울: (주)살림출판사, 2003), 34~35쪽. "'기독교 정체'의 신앙은 19세기 영국에서 시작된 '브리티쉬 이스라엘리즘(British Israelism)'의 신앙을 미국적 풍토에 맞게 변형시킨 것이었다. 그것은 앵글로-색슨족, 즉 미국인이 고대 이스라엘 백성의 자손들이라고 믿는 태도였다. 그들이 이제야 비로소 고대 이스라엘 백성의 자손들, 즉 '미국적' 이스라엘(The Americn Israel)로서 정체를 발견했다는 의미에서 이루어진 것이었다. *ibid.*, 58~59쪽. 이것을 보면, 현재 미국의 근본주의적 보수주의가 여러 가지 다양한 신학사상으로 이루어진 것을 알 수 있다. 이런 면에서 미국의 보수주의 신학노선을 세밀하게 검토해 볼 필요가 있다.

79) Peter Singer, *The President of Good & Evil*, 111쪽.

정직과는 거리가 멀다. 그는 결국 거짓말을 한 것이다.[81] 그리고 모든 미국 사람들을 속여서 이라크 전쟁을 치르는 것이다. 미국의 선제공격은 베스트팔렌 조약의 정신을 정면으로 깨뜨린 야만적 행위이다.[82] 그러나 부시와 그의 지지세력들은 이라크 침공을 이라크 해방을 위한 것으로 미화한다. 이러한 이중성과 위선을 그들은 신앙으로 포장한다.

3. 성서의 반제국주의

구약성서는 다양한 이야기들을 담고 있기 때문에 그 핵심을 찾는 것이 쉬운 일은 아니지만, 그래도 사건들을 중심으로 구약성서를 살펴본다면 엑소더스(Exodus)를 중심축으로 숱한 이야기들을 전개한다고 할 수 있겠다. 그런데 엑소더스는 크게 출애굽과 출바벨론으로 나타나는데, 이 두 가지 사건은 서로를 반향한다. 구조적으로

---

80) *ibid.*, 218쪽. David Frum, *The Right Man*, 9쪽.

81) 이것은 부시가 모토로 삼는 '정직함'에 위배된다. 결국 부시는 자신이 위선적인 인물임을 스스로 드러낸 것이다. 미국이 사용할 수 있는 가장 효과적인 무기는 바로 미국의 도덕적 권위라는 사실을 부시는 배워야 할 것 같다. Stefan Halper & Jonathan Clarke, *America Alone- The Neo- Conservatives and the Global Order*(Cambridge: Cambridge University Press, 2004), 1쪽. "제국을 지휘하고 지배하는 소수의 지배계급은 자신들의 이익을 위해 만인을 희생한다. 그러면서도 모두를 위한 결단의 행위인 것처럼 꾸며댄다. 전쟁이 언제나 거짓말을 필요로 하는 것은 전쟁의 진정한 목적이 밝혀질 경우 전쟁을 주도하는 세력이 버틸 수 있는 여력을 잃기 때문이다." 김민웅, 『밀실의 제국-전쟁국가 미국의 제국 수호 메카니즘』(서울: 한겨레신문사, 2003), 6쪽.

82) Clyde Prestowitz, *Rogue Nation*, 23쪽. 미국의 선제공격은 부당한 짓일 뿐만 아니라 파괴적 결과를 가져올 비극적 실수이다. Peter Singer, *The President of Good & Evil*, 200쪽.

출애굽 사건은 출바벨론을 예기하며, 출바벨론은 그 전형을 출애굽
에서 찾는다.

그런데 출애굽과 출바벨론은 애굽(이집트)과 바벨론(바빌로니아)
이 당시 세계를 지배하려는 제국주의적 사고를 갖고, 실제로 거대
한 제국을 형성했다는 점에서 탈제국주의 또는 탈식민주의적인 사
건이라고 할 수 있을 것이다. 구약성서가 제시하는 하나님은 이스
라엘 백성들을 제국주의의 탐욕과 압제로부터 구해내시는 하나님이
시며, 그래서 결국 하나님의 구원사역은 제국주의를 파괴하시는 것
이다. 하나님은 제국주의를 철저히 거부하신다. 거부하실 뿐만 아니
라 궁극적으로는 '제국주의의 죽음'을 선언하신다.[83] 이런 반제국주
의적 성향은 구약성서 전체를 관통하면서 나타난다. 하나님이 꿈꾸
시는 세상은 모든 나라가 어우러져 평화롭게 사는 세상이다.

그때에 이리가 어린 양과 함께 살며 표범이 어린 염소와 함께
누우며 송아지와 어린 사자와 살진 짐승이 함께 있어 어린 아이에
게 끌리며 암소와 곰이 함께 먹으며 그것들의 새끼가 함께 엎드리
어 사자가 소처럼 풀을 먹을 것이며 젖 먹는 아이가 독사의 구멍
에서 장난하며 젖 뗀 아이가 독사의 굴에 손을 넣을 것이라 내 거
룩한 산 모든 곳에서 해됨도 없고 상함도 없을 것이니 이는 물이
바다를 덮음같이 여호와를 아는 지식이 세상에 충만할 것임이니라
(이사야서 11:6-9, 개역개정판)

그가 열방 사이에 판단하시며 많은 백성을 판결하시리니 무리가
그들의 칼을 쳐서 보습을 만들고 그들의 창을 쳐서 낫을 만들 것

---

83) 여기에 대해서는 이종록, 「제국주의의 무덤 — 에스겔서에 나타나는 세계인
식과 강대국들의 세계지배야욕, 그리고 그것을 무력화시키시는 하나님」, 『
종교연구』 제36집(한국종교학회, 2004년 가을), 261~287쪽을 보라.

이며 이 나라와 저 나라가 다시는 칼을 들고 서로 치지 아니하며 다시는 전쟁을 연습하지 아니하리라(이사야서 2:4, 개역개정판)

나가는 글

우리는 사회적 이슈의 핵심이 종교일 수밖에 없는 탈세속화 시대를 살고 있는데, 우리가 염려하는 것은 종교가 공동체를 형성시키고 유지할 수도 있지만 종교가 그릇된 욕망에 빠질 경우 공동체를 분열시키고 인류와 세계를 파괴할 수도 있다는 사실이다.

미국인들, 특히 대통령을 비롯한 보수적 정치인들과 근본주의적 기독교 지도자들이 연합해서 미국을 신정국가로 규정하고, 세계를 선과 악으로 나누는 이원론적인 사고와 신제국주의 정책을 결합해서 선을 지키고 악을 제거한다는 명분으로 소위 '성전(聖戰)'을 수행하는 것은 결코 성서적이지 않고 신의 뜻도 아니다. 대량파괴무기 위력이 날로 증가되는 상황에서 성전을 선포하고 수행하는 것은 종교의 타락일 뿐만 아니라 자신들을 포함해서 온 인류를 죽음의 상태로 몰아넣는 자해행위이기도 하다.[84]

---

84) Charles Kimball, *When Religion Becomes Evil*, 156쪽. 월러스틴은 미국이 9·11 이후 쇠퇴기에 접어들었다고 평가한다. "2001년 9월 11일은 미국 역사에서 극적이고 충격적인 순간이었다. 그러나 결정적인 순간은 아니었다. 그날의 일은 훨씬 이전에 시작해 혼돈스런 세계에서 미국 헤게모니의 쇠퇴라 부름직한 긴 기간인, 향후 수십 년 동안 진행될 어떤 궤도 내에서 일어난 중요한 한 사건일 뿐이다." Immanuel Wallerstein, *The Decline of American Power: The U. S. in a Chaotic World*, 한기욱·정범진 옮김, 『미국 패권의 몰락─혼돈의 세계와 미국』(서울: (주)창비,

현재 미국이 지향하는 기독교 제국주의를 탈세속화, 신정국가, 신제국주의라는 세 가지 개념을 중심으로 살펴보았는데, 이 세 가지 개념들의 결합은 단순히 정치적인 입장이나 의견에서 그치지 않고, 아무도 반대할 수 없는 신의 뜻이나 의시로 회하면서 누구도 통제할 수 없는 매우 위험하고 비극적인 결과를 가져올 수도 있다는 점에서 우리를 긴장케 한다.

특히 한반도는 미국이 북한을 여전히 악의 축으로 규정하면서 전쟁위기를 조장하는 상황이 지속되고 있고,[85] 미국의 세계지배전략의 희생양이 될 가능성도 여전하기 때문에[86] 미국의 입장에 대해 다른 나라들보다 훨씬 더 예민할 수밖에 없다. 더욱이 한국의 보수적 기독교가 친미적이며, 미국의 보수적 기독교의 전철을 답습하려고 한다는 점에서 앞으로 더 많은 연구가 필요하다고 생각한다.[87]

2004), 9쪽.

[85] "부시의 발언이 일으킨 충격파 가운데 가장 극냉하고도 놀라운 결과는 다른 것이 아니다. 우리 민족의 번영과 발전, 안전과 생명에 미국의 정책과 자세가 최대의 장애이자 위협으로 존재한다는 점을 한국 대중들이 매우 구체적으로 인식하기 시작한 점이다. 남북 간 대결구도가 아니라 미국의 대북 전쟁정책 때문에 전쟁 위기가 고조되고 있다는 사실이 확연하게 드러나고 있는 것이다." 김민웅, 『밀실의 제국』, 225쪽.

[86] 이런 위험성은 상존한다. 미국의 네오콘들은 북한을 악의 축으로 여길 뿐만 아니라 한국정부에 대해서도 부정적인 견해를 갖고 있다. 네오콘의 대표적 조직인 '새로운 미국의 세기 프로젝트(PNAC: Project for the New American Century)' 의장인 "(윌리엄) 크리스톨은 북한과의 우호관계를 도모하는 한국정부는 테러세력을 보호한 '탈레반 정권'과 동일하며 따라서 미국의 대한반도 정책 전개에 태업을 벌이고 있는 한국판 탈레반 정권을 교체해야 한다는 원색적인 네오콘들의 주장을(위클리 스탠다드〈Weekly Standard〉에) 그대로 인용했다." 허은, 「친미보수 언론의 주조자, 미국」, 『내일을 여는 역사』 19(서해문집, 2005년 봄), 190~191쪽.

[87] 나는 성서학자이기 때문에 다음에는 미보수주의자들의 성서이해에 대한 비판적인 논문을 쓰려고 한다.

참고문헌

「성도들이여 봉기하라」, 《한겨레신문》(2004년 11월 26일)

「이명박 '봉헌발언' 파문, 종교계 등 각계로 확산」, 《프레시안》(2004
     년 7월 2일)

「이명박 시장 '서울봉헌' 책임지라」, 《한겨레신문》(2004년 7월 4일)

김동춘. 『미국의 엔진, 전쟁과 시장』. 서울: (주)창비, 2004.

김민웅. 『밀실의 제국 - 전쟁국가 미국의 제국 수호 메카니즘』. 서울:
     한겨레신문사, 2003.

김진호. 「한국 개신교의 미국주의, 그 식민지적 무의식에 대하여」. 『
     역사비평』70호(역사문제연구소, 2005년 봄), 64~81쪽.

김형인. 「'신은 우리 편' - 미국 노예제 찬반론의 성서적 해석」. 『서양
     사론』58호, 63~88쪽.

김형인. 「북아메리카 기독교의 형성과 발전」. 『외대사학』12호(2000),
     한국외국어대학교 역사문화연구소.

박노자. 『하얀 가면의 제국 - 오리엔탈리즘, 서구 중심의 역사를 넘어』.
     서울: 한겨레신문사, 2003.

배성은. 「엘라 베이커(Ella Baker)와 남부 기독교 지도자회의(SCL
     C)」. 『북미연구』6호(2000), 한국외국어대학교 외국학종합연구
     센터 북미연구소.

엄한진. 「종교의 전 지구적 보수화와 한국교회」. 『역사비평』70호(역
     사문제연구소, 2005년 봄), 82~102쪽.

이종록. 「제국주의의 무덤 - 에스겔서에 나타나는 세계인식과 강대국
     들의 세계지배야욕, 그리고 그것을 무력화시키시는 하나님」. 『
     종교연구』제36집(한국종교학회, 2004년 가을), 261~287쪽.

이주영. 『미국의 좌파와 우파』. 서울: (주)살림출판사, 2003.

조찬선. 『기독교죄악사(상, 하)』. 서울: 평단문화사, 2000.

한종호. 「한국교회 설교의 현주소, 그 분석과 대안」. 한일성경연구소·한
국성경연구원 공동주최 제3회 성서학 세미나 〈수용과 모방을 넘
어서〉 자료집.

허 은. 「친미보수 언론의 주조자, 미국」. 『내일을 여는 역사』 19(서해
문집, 2005년 봄), 190~204쪽.

Almond, Gabriel A. Appleby, R. S., and Sivan, E. *Strong
    Religion-The Rise of Fundamentalis around the World.*
    Chicago: The University of Chicago Press, 2003.

Ammerman, Nancy T. "North American Protestant Fundamen-
    talism", ed. Martim E. Marty and R. Scott Appleby, *Funda-
    mentalisms Observed, the Fundamentalism Project I.*
    Chicago: The University of Chicago Press, 1991.

Berger, Peter L. "The Desecularization of the World: A Global
    Overview", ed. Peter L. Berger, *The Desecularization of the
    World- Resurgent Religion and World Politics.* Grand Rapids,
    Michigan: William B. Eerdmans Publishing Company, 1999.

Bernasek, A. "Lessons for the American Empire". *New York
    Times*(2005년 1월 30일).

Boot, M. "Washington Needs a Colonial Office", *Financial
    Times*(2003년 7월 2일).

Boston, R. *The Most Dangerous Man in America?-Pat Robertson
    and the Rise of the Christian Coalition.* Amherst, New
    York: Prometheus Books, 1996.

Boyer, William H. *Myth America-Democracy vs. Capitalism.* New
    York: The Apex Press, 2003.

Bumiller, E. "White House Letter: Talk of Religion Povokes Amens as well as Anxiety". *New York Times*(2002년 4월 22일).

Bumiller, E. "White House Letter: Talk of Religion Provokes Amens as well as Anxiety". *New York Times*(2002년 4월 22일).

Bush, G. W. *A Charge to Keep- My Journey to the White House*. New York: Perennial, 1999.

Bush, G. W. The President's State of the Union Address, the United States Capitol, Washington, D. C.
http://www.whitehouse.gov/news/releases/2002/01/print/20 020129-1.

Carwardine, Richard J. *Evangelicals and Politics in Antebellum America*. Knoxville: The University of Tennessee Press, 1997.

Chomsky, N. *Hegemony or Survival- America's Quest for Global Dominance*. New York: Metropolitan Books, 2003.

Delbanco, A. *The Death of Satan-How Americans Have Lost the Sense of Evil*. New York: Farrar, Straus and Giroux, 1995.

Falwell, J. *Falwell: An Autobiography*. Lynchburg: Liberty House Publishers, 1997.

Foster, J. B. "The Rediscovery of Imperialism". *Monthly Review*(2002 년 11월).

Foxman, Abraham H. *Never Again? - The Threat of the New Anti-Semitism*. New York: HarperSanfrancisco, 2003.

Frum, D. *The Right Man- The Surprise Presidency of George W. Bush*. New York: Random House, 2003.

Goodstein, L. "White House Seekers Wear Faith on Sleeve and Stump". *New York Times*(1999년 8월 31일).

Grier, P. "Voters Like Faith-But Not Theology". *Christian Science Monitor*(2000년 8월 10일).

Halper, S. & Clarke, J. *America Alone- The Neo-Conservatives and the Global Order.* Cambridge: Cambridge University Press, 2004.

Harvey, D. *The New Imperialism.* Oxford: Oxford University Press, 2003.

Heclo, H. "An Introduction to Religion and Public Policy", ed. Hugh Heclo and Wilfred M. McClay, *Religion Returns to the Public Square.* Washington, D.C.: Woodrow Wilson Center Press, 2003.

Huntington, S. *Who are We?* 형선호 옮김. 『새뮤얼 헌팅턴의 미국』, 서울: 김영사, 2004.

Ikenberry, G. John. "Illusions of Empire: Defining the New American Order". *Foreign Affairs*(2004년 3/5월).

Ivins, M. and Dubose, L. *Shrub-The Short but Happy Political Life of George W. Bush.* New York: Vintage Books, 2000.

Johnson, C. *The Sorrows of Empire.* 안병진 옮김. 『제국의 슬픔-군국주의, 비밀주의, 그리고 공화국의 종말』. 서울: 도서출판 삼우반, 2004.

Kengor, P. *God and George W. Bush-a spiritual life.* New York: HarperCollins Publishers Inc., 2004.

Kengor, P. *God and Ronald Reagan- a spiritual life.* New York: HarperCollins Publishers, 2004.

Kimball, C. *When Religion Becomes Evil.* New York: Harper-Collins Publishers, Inc., 2002.

las Casas, Bartolome de. *A Short Account of the Destruction of the Indies.* London: Penguin Books, 1992.

Lienesch, M. *Redeeming America: Piety and Politics in the New Christian Right.* Chapel Hill, NC.: University of North Carolina Press, 1993.

Lobe, J. "Conservative Christians Biggest Backers of Iraq War".

Inter Press Service(2002년 10월 10일).

Mansfield, S. *The Faith of George W. Bush*. New York: Jeremy P. Tarcher/Penguin, 2003.

Marcus, J. "America: The Accidental Empire?" *BBC*(2004년 2월 2일).

Martin, W. *With God on Our Side- The Rise of the Religious Right in America*. New York: Broadway Books, 1996.

Micklethwait, J. and Wooldridge, A. *The Right Nation- Conservative Power in America*. New York: The Penguin Press, 2004.

Neuhaus, Richard John. *The Naked Public Square - Religion and Democracy in America*. Grand Rapids, Michigan: William B. Eerdmans Publishing Company, 1984.

Newcomb, S. "A Brief Story about the American Empire". *Indian Country Today*(2004년 3월 5일).

Olasky, M. *Compassionate Conservatism- What it is, What it does, and How it can Transform America*. New York: The Free Press, 2000.

Pitt, W. R. "The Third Stage of American Empire". *truthout*(2005년 3월 1일).

Prestowitz, C. *Rogue Nation- American Unilateralism and the Failure of Good Intentions*. New York: Basic Books, 2003.

Robertson, P. "The Roots of Terrorism and a Strategy for Victory"
http://www.patrobertson.com/Speeches/TerrorismEconomic Club.asp.

Schmid, A. "The Challenges of Orientalism: The Limits of Anglo-American Critiques". 김지민 옮김. "오리엔탈 식민주의의 도전: Anglo-American 비판의 한계". 『역사문제연구』 12(역사비평사, 2004), 157~186쪽.

Seale, P. "Is America Planning New Imperial Adventures?" Daily Star(2004년 12월 18일).

Singer, P. The President of Good & Evil - The Ethics of George W. Bush. New York: Dutton, 2004.

Sisci, F. "The American Empire", Asia Times(2002년 10월 16-18일).

Sisci, F. "US: The Obvious Emperor", Asia Times(2003년 5월 27일).

Sorman, G. Made in USA. 민유기·조윤경 옮김. 『Made in USA-미국 문명에 대한 새로운 시선』. 서울: 문학세계사, 2004.

Stannard, David E. American Holocaust-The Conquest of the New World. Oxford: Oxford University Press, 1992.

Steinfels, P. "Beliefs: Anti-Bush Criticism and the Fixation on 'delusional' Christian Fundamentalism", New York Times(2005년 1월 29일).

Steinfels, P. "Beliefs: Anti-Bush Criticism and the Fixation on 'delusional' Christian Fundamentalism", New York Times(2005년 1월 29일).

Wallerstein, I. The Decline of American Power: The U.S. in a Chaotic World. 한기욱·정범진 옮김, 『미국 패권의 몰락-혼돈의 세계와 미국』, 서울: (주)창비, 2004.

Watson, J. The Christian Coalition- Dreams of Restoration, Demands for Recognition. New York: St. Martin's Griffin, 1997, 1999.

Wills, G. Under God-Religion and American Politics. New York: Simon and Schuster, 1990.

· 저자 ·

이종록   · 약 력 ·

장로회대전신학대학교 교수(1989-1996)
한일장신대학교 교수(1997-현재)

· 주요저서 ·

『새로운 엑소더스를 향하여』
『삶이 있는 성경읽기』
『이 뼈들이 능히 살겠느냐?』
『여호와삼마를 향하여』
『디지털 에스겔-디지털 시대에 대한 신학적 접근』
『새시대에 만나는 성경의 인물들』
『새로운 삶을 소망하는 성경읽기』
『성서로 읽는 디지털 시대의 몸 이야기』
『아름다운 말 한마디를 나누러 가고 싶다』
『말씀·삶·해석』
외 다수

성서와 반제국주의

· 초판 인쇄	2006년 9월 30일
· 초판 발행	2006년 9월 30일
· 지 은 이	이종록
· 펴 낸 이	채종준
· 펴 낸 곳	한국학술정보㈜
	경기도 파주시 교하읍 문발리 526-2
	파주출판문화정보산업단지
	전화 031) 908-3181(대표)·팩스 031) 908-3189
	홈페이지 http://www.kstudy.com
	e-mail(출판사업부) publish@kstudy.com
· 등 록	제일산-115호(2000. 6. 19)
· 가 격	21,000원

ISBN 89-534-5700-9 93230 (Paper Book)
       89-534-5701-7 98230 (e-Book)